新教师职业发展丛书

XINJIAOSHI
ZHIYE FAZHAN
CONGSHU

教师必备的10项基本素质和能力

本书编写组◎编
马新妍◎编著

JIAOSHI BIBEI DE 10 XIANG JIBEN SUZHI HE NENGLI

高素质的教师不仅应该是有知识、有学问的人，而且还必须是有道德、有理想、有专业追求的人，不仅是高起点的人，而且是终身学习、不断超越自我的人；不仅是专业学科领域的专家，而且是教育科学的专家。

世界图书出版公司
广州·北京·上海·西安

图书在版编目（CIP）数据

教师必备的10项基本素质和能力/《教师必备的10项基本素质和能力》编写组编.—广州：广东世界图书出版公司，2010.4（2024.2重印）

ISBN 978-7-5100-2014-8

Ⅰ.①教… Ⅱ.①教… Ⅲ.①中小学－教师－素质教育②中小学－教师－能力培养 Ⅳ.①G635.1

中国版本图书馆CIP数据核字（2010）第050048号

书　　名	教师必备的10项基本素质和能力
	JIAOSHI BIBEI DE 10 XIANG JIBEN SUZHI HE NENGLI
编　　者	《教师必备的10项基本素质和能力》编写组
责任编辑	韩海霞
装帧设计	三棵树设计工作组
出版发行	世界图书出版有限公司　世界图书出版广东有限公司
地　　址	广州市海珠区新港西路大江冲25号
邮　　编	510300
电　　话	020-84452179
网　　址	http://www.gdst.com.cn
邮　　箱	wpc_gdst@163.com
经　　销	新华书店
印　　刷	唐山富达印务有限公司
开　　本	787mm×1092mm　1/16
印　　张	13
字　　数	160千字
版　　次	2010年4月第1版　2024年2月第4次印刷
国际书号	ISBN　978-7-5100-2014-8
定　　价	59.80元

光辉书房新知文库
"教师职业发展"丛书编委会

"光辉书房新知文库"

总策划/总主编:石　恢

副总主编:王利群　方　圆

本书作者

马新妍

序：教师职业发展的终生要求

20 世纪 60 年代中期以来，许多国家对教师"量"的急需逐渐被提高教师"质"的需求所代替，对教师素质的关注达到了前所未有的程度。进入本世纪以后，教师专业化已经成为世界性的潮流。高质量的教师不仅被要求是有知识、有学问的人，而且还必须是有道德、有理想、有专业追求的人；不仅是高起点的人，而且是终身学习、不断自我更新的人；不仅是专业学科领域的专家，而且是教育科学的专家。

教师这个职业尽管非常普通，但却又具有非常特殊的意义。

首先，教师这个职业所面临的对象，是活生生的人，而不是无生命的物质，是正在成长中的儿童青少年。教师的职责就在于，把未成年人培养成为社会所需要的、有鲜明个性的人才。虽然以人为工作对象的职业很多，比如医生、律师等，但他们服务的时间很短，服务内容也很有限。可是教师不一样，他的工作对象众多，服务时间相对较长，服务内容广泛、全面。

其次，教师以自身作为教育手段来实施教育。教师自己的知识、经验、人格、素养，就是对学生进行教育的材料，更是教育学生的手段，离开了教师这一最生动的教育手段，其他的手段，即便再先进，其教育的效果也要大打折扣。古往今来，对教师这一职业都具有双重的要求，即"教书育人"。孔子十分重视师德修养，他说："其身正，不令而行。其身不正，虽令不从""不能正其身，如何正人？"随着社会的发展，教师不仅要"传道、授业、解惑"，而且要"身正垂范"。教师的言传身教对学生的学习、品德和行为的发展起着重要的作用。换句话说，教师是学生最直接的学习与生活的模范和榜样。一个优秀的教师往往是学生崇拜和模仿的对象，他的思想、品行、情感、意志力、人格特征对学生会产生潜移默化的影响，甚至直接影响学生将来的发展。

再次，教师担任学生保健医生的角色。目前，素质教育要求全面提高学生的思想道德、文化科学、劳动技能和身体心理素质，促进学生全面健康地发展。而在学生的整体素质中，心理素质本身占有重要的地位，心理素质的好坏影响着其他素质的发展和提高。因此，教师作为教育活动的组织者和实施者，还担负着学生心理健康教育的重任。

最后，教师是一个需要终身发展的职业。随着社会的发展，特别是科学技术与信息技术的迅猛发展，教师职业将处于不断变化和发展之中，那种一旦成为教师就可以一劳永逸的思想与时代的发展越来越不相吻合，教师职业已经成为终身发展的过程，社会的发展需要教师不断地自我更新知识。教育家吕型伟曾说过："教育是事业，事业的意义在于献身；教育是科学，科学的价值在于求真；教育是艺术，艺术的生命在于创新"。他的这番话道出了教师职业终身发展过程的本质。

总之，教师要合格地履行自己的专业角色，就必须具备良好的专业品质和素养，关注自己的职业发展。抓住机遇，迎接挑战，是每一位教师必须面对的重要问题！

本丛书编委会

Contents 目 录

引言 时代呼唤高素质教师

一个学校能不能为社会主义建设培养合格的人才，培养德、智、体全面发展、有社会主义觉悟的有文化的劳动者，关键是在教师。

——邓小平

教师个人的范例，对于青年人的心灵，是任何东西都不可能代替的最有用的阳光。

——乌申斯基

当今世界，科学技术突飞猛进，知识经济已见端倪，国力竞争日趋激烈。国运兴衰，系于教育。教育担负着提高劳动者素质和培养专门人才的重要任务。教师是发展教育的主要力量，时代呼唤教师具备高素质。

一、教师职业与教师素质

教师是一种崇高的社会职业，是培养社会所需要的优秀人才的职业。教师既然是一种职业，就必然有其特定的职业特点和与其相适合的职业精神和素质要求。

教师职业是与人类生存紧密联系的一种职业。教师的职业是向受教育者传授人类积累的科学文化知识和技能，进行思想道德教育，把受教育者培养成为一定社会、一定阶级所需要的高素质劳动者和各级专业人才。我国《教师法》规定："教师是履行教

教师必备的10项基本素质和能力
Jiaoshi Bibei De 10 Xiang Jiben Suzhi He Nengli

育教学职责的专业人员，承担教书育人，培养社会主义事业建设者和接班人、提高民族素质的使命。"弗兰西斯·培根称："教师为知识种子的传播者，文明之树的培育者，人类灵魂的设计者。"人们常常评价教师是培育新一代的辛勤园丁，是燃尽自己照亮别人的蜡烛，是塑造人类灵魂的工程师。

教师职业是"学高为师、身正为范"的职业，教师不仅要具有高尚的道德品质，还要具备渊博的专业知识。徐特立先生说："我们的教育是采取'人师'和'经师'二者合一的，每个教科学知识的人，他就是一个模范人物，同时也是一个有学问的人。"

教师职业的特殊性决定了对教师素质有特殊的要求。教师劳动的性质、职能、对象、工具、方式、周期、时空、成果等都有自己的特殊性。教师劳动是一种以培养人、塑造人为目的的特殊劳动。教师的劳动对象和劳动目的都是人。这种劳动成果不是通过教师个人努力可以见效，而是通过教师集体劳动、共同协作、师生配合才能体现出来的。这就需要教师怀着对学生负责的态度，具有崇高的职业精神、奉献精神、团结协作精神和创造精神，共同完成培养人才的使命。

二、经济振兴与教师素质

知识经济——以知识为基础的新的经济形态正成为不可阻挡的世界潮流。知识经济是以现代科学基础为核心建立在知识的生产、处理、传播和应用基础上的经济。知识经济，不同于依赖土地的农业经济和依赖自然资源和资本的工业经济，它是以知识为基础的经济。知识经济的这种特征决定了知识创新的水平和速度是经济增长的关键因素。而知识的创新能力、信息的应用能力取决于人才的开发，取决于教育的基础性作用。

在知识经济时代，科技和教育越来越成为经济长期可持续发展的驱动力。邓小平同志早就作出了"科学技术是第一生产力"的科学论断。知识经济是以科技和教育高度发达为发展前提的经济。据经济学家估计，当今发达国家技术进步对经济增长贡献率已占60%～80%，其中教育和培训的贡献占20%左右。知识的劳动价值的贡献率越来越多地超过其他生产要素的劳动价值的贡献率。经济学家还发展中国家与发达国家生产力差距拉大的主要原因是知识和人才积累不足。经济的可持续发展依赖于诸多因素，在这些因素中，认识最活跃、最可靠的因素。人的素质水平决定生产力水平，没有人的高素质，就谈不上经济的高速持续发展。实践反复证明，教育的发展和人才的培养是经济发展的强大动力。

"发展知识经济，提高人力素质"已成为许多国家的基本政策。一个国家的现代化取决于这个国家人的现代化。人的现代化直接与教育有关，而教育事业的发展，取决于教师的素质。任何国家要想实现经济腾飞并在世界经济竞争中立于不败之地，最根本的出路是发展教育，提高教师素质。

三、科教兴国与教师素质

"科教兴国"是指全面落实科学技术是第一生产力的思想，坚持教育为本，把科技和教育摆在经济、社会发展的重要位置，增强国家的科技实力及向现实生产力转化的能力，提高全民族的科技文化素质，把经济建设转移到依靠科技进步和提高劳动者素质的轨道上来，加速实现国家的繁荣强盛。

世界范围的经济竞争、综合国力的竞争，实质上就是科学技

术的竞争和民族素质民族人才的竞争。实施科教兴国战略，也是我国在激烈的国际竞争中立于不败之地的需要。当今世界国际竞争越来越表现为经济实力的竞争，而经济实力的竞争又集中在科学技术的角逐上。由于科学技术迅猛发展，日新月异，特别是科技成果转化为现实生产力和实际经济效益的时间大为缩短，因而科学技术在经济增长中所占比重迅速提高，逐渐对经济发展起着主导的作用。正如邓小平所说"在当代世界，一个国家的国力强弱，经济增长的速度和效益，特别是经济发展的后劲，将越来越取决于劳动者素质和专门人才的数量与质量。"因此，为了抢占科技和经济的制高点，许多国家不遗余力地发展教育事业，加快各类人才的培养，努力提高劳动者的科学文化水平。

社会主义现代化事业需要一流的教育素质，一流的教育素质的关键是一流的教师素质，高素质的教育依赖于高素质的教师。学校是培养人的机构，学校对受教育者产生影响的诸多因素中，教师是最基本、最关键的因素。提高教师素质，不能缺少基本的办学条件，包括教育环境、教育设施、教育经费、教育图书等。但是如果没有一支高素质的教师队伍，教师的积极性不高，教育思想不端正，教育教学能力不强，道德素质不高尚，即使学校有优异的校园环境、精良的教学设备、宽敞的教学大楼、丰富的图书资料，也发挥不了作用。可见，办好学校，提高教育素质，关键是提高教师素质。提高教育素质是学校永恒的主题，也是衡量教育改革成败的重要标志。把提高教师素质作为教育发展战略的重点，这是提高教育素质的根本大计。

四、素质教育与教师素质

现代科技和经济的迅猛发展，现代化对人才培养的需要，对教师的素质提出了更高的要求。教师素质直接影响素质教育，影响整个民族的素质。加强和提高教师队伍的素质，是教育发展的重要而迫切的任务。邓小平说："教育战线任务愈来愈重，各级教育部门不能不努力提高现代教师队伍的教学能力和教学质量。"[①] "要研究如何提高教师的水平……要提高教师的水平，包括政治思想水平、业务工作能力以及改进作风等。"[②]

素质教育呼唤着高素质的教师。素质教育以全面提高学生素质为目的，以培养学生的创新精神和实践能力为重点。这不是那种仅限传授已有知识的"重现型"教育，而是那种传授已有知识的"发现型"教育。这样的教育，无疑更需要也更有利于发挥师生的主体作用。把教育教学过程变成重在培养学生创新精神和实践能力的过程，而不是教师为了单纯传授知识，学生为了应付考试的过程。学生全面素质的提高和创新精神、实践能力的培养依赖于教师素质的提高。

教师积极性、创造性的发挥是全面实施素质教育的重要保证。教育教学过程是教育者与受教育者共同参与完成的社会实践活动，是师生互助、教学相长的双向作用过程。要有效地完成教育和教学过程，教师和学生都必须充分发挥自己的主观能动作用。然而教与学的过程中，教师起主导作用。学生的学习积极性、创造性

---

① 《邓小平文选》（第 2 卷），邓小平，人民出版社，1994，P109。
② 《邓小平文选》（第 2 卷），邓小平，人民出版社，1994，P55。

要靠教师去调动。为了充分调动教育教学的积极性，取得教育教学效果，教师要树立正确的教育观、质量观，增强实施素质教育的自觉性，同时要按照实施素质教育的要求，不断提高自身素质，特别是创新精神和实践能力。

实施素质教育必须深化改革，而深化教育改革，也必须依赖教师素质的提高。教育改革要依靠教师去实现，任何教育改革的成功都取决于教师对教育改革的支持程度和参与程度。作为教师，仅仅会教、能教是不够的，要导教、善教、教好、教活、做学生成长成才的引路人；仅仅满足于做娴熟的"教书匠"也是不够的，要争取做教育家、改革家。教师素质的全面展示，将对学生起无形无声的示范和教化作用。

五、人才培养与教师素质

《中共中央国务院关于深化教育改革全面推行素质教育的决定》指出："实施素质教育就是全面贯彻党的教育方针，以提高国民素质为根本宗旨，以培养学生的创新精神和实施能力为重点，造就有理想、有道德、有文化、有纪律的，德、智、体、美全面发展的社会主义事业建设者和接班人。"坚持社会主义的教育方针，实施素质教育的真谛，在于培养学生具有正确的世界观、人生观、价值观。教师不仅仅是向学生传授知识，开发学生的智力，更重要的是塑造学生的心灵，陶冶学生的道德情操，培养学生对社会的责任感和公德心，提高学生的科学精神和人文精神。这一切的一切，都离不开教师的素质。

教师素质直接影响学生素质。教师对学生一般都具有一种自然的影响力，而这种影响力，取决于教师在学生心中的形象。教师要运用自己的品格、学识、智慧去赢得学生发自内心的尊重和爱戴。教师培养人塑造人的神圣使命，就是通过教学和言传身教实现的。伟大的人民教育家陶行知曾经说："教育就是教人做好人，教人做好国民。"那么，"教人做好人，教人做好公民"靠什么？靠的是教师的德行、教师的学识、教师的才能、教师的高尚人格。俄国教育家科尔尼雪夫斯基说："教师把学生造成什么人，自己就应当是什么人。"教育学生成人首先自己要成人，教育学生成才首先自己要成才。然而，"成人"与"成才"要和谐发展，就需要教师具有科学的人才观，懂得"成人"是"成才"的基础，"成才"是"成人"的具体表现。教师具有科学的人才观，才能把教育学生学会做人放在首位，教学生懂得做人做事的道理，为学生学习提供动力和精神支柱，使学生"成才"和"成人"和谐发展，成为一名完整的人、有用的人。

　　教师素质直接关系到我国创新人才的培养。创新是我们在国际上抢占科技和经济制高点，在国际竞争中立于不败之地的基本保证。创新人才培养，首要的是创新思维的开发，而创新思维的开发则离不开具有创新思维的教师。思维是指客观实体在人脑中概括、间接的反映。创新是指敢于冲破旧思想、旧观念、旧模式的束缚，具有解决新问题、获得新成果、开拓新局面的思想和主动精神，在复杂、迷茫、艰苦的情形中有所发明、有所突破。所谓创新思维，是指在客观需要的推动下，以获得的新信息和已储存的知识为基础，综合运用多种思维形式，创造出新理论、新观点、新方法、新形象，从而使认识和实践取得突破性进展的思维活动。创造思维决定着人们的创新实践，创新实践又体现着人们的创新思维。创新思维产生的条件主要是具有强烈的求异意识，

丰富的知识和经验，灵活机动的思维能力及环境的实际需要。

创新人才的培养离不开具有创新思维的教师。教师要充分认识创新思维的开发对于培养高素质创新人才的意义。首先，创新思维的开发是社会进步的需要。随着人类社会由工业经济时代向知识经济时代的过渡，21 世纪是一个信息化、全球化的时代，这个时代比过去任何一个时代都需要创新。创新的载体是高素质的人才，而高素质的人才要靠高素质的教师来培养。其次，创新思维的开发是人才成长和发展的需要，创新能力应当成为未来人才的核心素质。再次，创新思维的开发是增长人类知识总量、创造新知识的需要。最后，创新思维的开发是改变各类人才思维习惯的需要。个人思维的建立和改变需要一个长期的过程。因此，创新思维的培养和开发，需要从小学生抓起，从中小学基础教育抓起，并坚持不懈贯穿整个教育过程。只有这样，才能早出人才，多出人才。

要解决当前教育工作中存在的教育思想、教育方法和教育质量问题，归根结底要大力加强师资队伍建设，提高教师素质。只有具有高素质的师资，才能有力地推动素质教育；只有具有创新精神和创新意识的教师，才能对学生进行创新教育，培养学生的创新能力；只有教师了解当今高新技术发展的最新成果，才能站在高科技革命的高度，鼓励学生勇敢探索；只有教师自身具备不断学习的能力，才能教会学生如何学习。每位中小学教师都要站在抢占世界竞争主动权的制高点上，认识培养创新人才和提高国民素质的紧迫性，增强提高自身素质的内在动力，把提高自身素质作为一项历史使命，并贯穿自己的整个职业生涯和教育活动之中，把它作为自己人生实践活动的崇高追求。

第一章 师德无边 师爱无限

《师德颂》

师德，是热爱孩子的赤诚之心；

师德，是热爱岗位的敬业精神；

师德，是热爱事业的博大胸怀；

师德，是以身立教的形象之本。

忆往昔，

师德，是孔圣人"学而不厌，诲人不倦"的伟大修养；

师德，是陶行知"捧着一颗心来，不带半根草去"的人生信仰；

师德，是徐特立"忠贞为教，严谨治学"的优秀品格；

师德，是"其身正，不令而行"的无声影响……

看今朝，

师德，是蒋筑英"春蚕到死丝方尽"的呕心沥血；

师德，是董大方'既教书又育人"的自我超越；

师德，是商静、齐丹对幼教事业的执著追求；

师德，是托起明天太阳的崇高境界……

啊！师德，

师德，是夯实高楼大厦基石的高度责任；

师德，是在希望田野上的辛勤耕耘；

师德，是放飞理想的巨大力量；

师德，是用灵魂塑造灵魂的壮丽写真……

第一节　师德是教师永远的功课

教师是人类灵魂的工程师。教师传道授业、为人师表的职业使命，决定了教师职业道德的特殊要求。师德是教师素质的灵魂，为师之道，重在师德。师德包括教师道德和教师德性两个方面。

一、教师道德

道德是一种社会现象，是在一定的社会条件下人们的行为原则和规范的总和。道德不是靠国家强制，而是靠一定社会舆论、传统力量、风俗习惯、人们的思想信念、教育等形成的。教师道德是道德的一种特殊形式，是一定社会条件下教师的行为原则和规范的总和。从通行的一般定义来看，所谓教师职业道德，是指"教师进行教育工作，处理各种关系、问题应遵循的道德准则和行为规范，包括教师的道德品质、思想信念、对事业的态度和情感，有关的行为规范等"。教师是儿童进入社会生活后重要的师从对象，所以，师生关系不仅是一般的人际关系更是一种价值关系、道德关系。在学校中，教师是儿童模仿、学习和相处的主要对象，教师自身的素质特别是职业道德素质的榜样示范作用对儿童的成长具有潜移默化的、持续性的影响。教育心理学的研究揭示了儿童的"向师性"及其教学意义。学生会模仿说话的腔调、走路的姿势，甚至写字的字体。年龄越小的学生"向师性"就越强。因此，教师道德对学生影响巨大，实际上扮演着道德代言人和道德教育家的角色。

二、教师德性

教师德性，简言之，就是教师个人的道德修养。德性伦理学家麦金太尔说："德性是一种获得性品质，这种道德的拥有和践行，使我们能够获得实践的内在利益，缺乏这种德性，就无从获得利益。"德性的获得"将不仅维持实践，使我们能够克服我们所遭遇的伤害、危险、诱惑和涣散，从而在对善的追求中支撑我们，并不断增长自我认识和对善的认识"①。可见，教师德性是教师在从事教育教学过程中，不断提升自身的道德修养，不断充实自我，从而发现生活意义，获得自我实现的过程。教师德性的获得不是对教师生命和精神的压抑而是教师生命的表达和潜能的释放有助于教师更加明晰教师生活的意义。

三、教师道德与教师德性的关系

教师道德与教师德性的区别在于：教师道德师团体道德是对所有教育工作者的总体要求，是外在规范，具有普遍性和基本性。它是一种直接的教育性道德，直接涉及学生道德生命的成长，是所有教师都必须遵守的道德底线，多以规范形式存在是教育工作顺利进行的保证，他的缺失直接影响学生的成长。教师德性是个人道德或者私人道德，是个人的自我追求，它重在教师不断的完善，不断的追求更高的道德境界，激励自我不断发展，获得道德成长。

---

① 《德性之后》，【美】麦金太尔著，中国社会科学出版社，1995 版，P241。

教师道德和教师德性不能混为一谈。20 世纪最伟大的美国基督教哲学家尼布尔将道德划分为个体道德和群体道德，认为两者既有联系又有区别，"个体道德去规范群体行为，或反过来仅用群体行为道德去要求个体，都可能造成道德的沦丧，无助于解决社会问题和消除社会不公正"。[①]

当然，教师道德和教师德性又是两个联系紧密的范畴。教师德性的提升有利于教育工作的发展改善，有利于学生道德的进步。更为重要的是，教师德性的提升是教师生命存在的保证，是教师生命成长的标志。所以，作为外在规范的教师师德一旦内化为教师内在的道德，就会成为稳定的精神动力，成为教师精神的核心成分。因此，师德建设既包括教师职业道德规范的完善，又包括每个教师的道德完善，两者并不矛盾。但在理论上应该明确两者的关系，既要积极提升教师的德性，使教师有对更高德性的要求，同时也要从实际出发，健全和完善教师职业道德规范。这样，从制度上和个人道德修养两个方面促使教师队伍整体道德水平的提高。

四、科学的师德观

依法执教、爱岗敬业、教书育人、为人师表、学高为师、身正为范、锐意进取等是社会对教师道德的要求，但是很空泛，教师无所适从。教师道德要求应该具体，比如不应该出现穿着打扮

---

① 《道德的人与不道德的社会》，【美】莱茵霍尔德·尼布尔著，贵州人民出版社，1998 版，中文版序。

与职业或年龄不符，浓艳刺眼，或不修边幅；教育教学活动中预言不当或行为不检，如有不文明的口头禅、课堂上打电话或吸烟等；教育方法不当，不正当地公开名次；教学行为随意，无特殊原因上课迟到或随意拖堂；对学生态度粗暴、语言生硬或对学生没有爱心，不能正确对待学生意见；不尊重学生人格，侮辱、讽刺、挖苦、嘲弄、耻笑、戏耍、中伤学生；私自向学生或家长推销商品或教参资料；向学生或家长索要财物，或利用职务之便，要求或暗示学生家长办私事、牟权利；不尊重家长，随意指责、训斥家长。显然，这些是教师职业道德的基础。连基本行为规范都不能做到的老师，又怎么会有很高的德行呢！

提起教师，人们往往就会联想到"人类灵魂的工程师""燃烧了自己，照亮了别人""春蚕到死丝方尽，蜡炬成灰泪始干"等无私奉献的形象。他们应该这样：起早贪黑，身体过于疲劳，处于亚健康状态；步履匆匆，一心工作，不得不放弃家庭、孩子，甚至放弃见上临终前父亲或母亲的最后一面……所有这一切，都被化为"师德"两字，被我们赞美、神化。然后，为有过这样的经历和事迹的教师戴上沉重的光环。我们在对一些所谓优秀教师的宣传步入了误区，报道的许多优秀教师都不是好儿女，不是好妈妈，不是好父亲，不能给父母尽孝，不管子女的死活。这不应该成为宣传的方向。亲情和师德不是对立的，师德不等于为了学生一味地放弃自己的需求。不对自己孩子负责的家长（老师），也不应该是师德的榜样。教育不是教师单纯地为学生付出，而是教师创造生活的一部分。

教师和学生相互作用、相互鼓励、相互支撑、相互推动着不

断前行，把教和学的过程变成师生双方实现自己生命价值和自身发展的舞台。教师的幸福应该是不断地被学生超越，又不断地超越自己。也只有经历这样的过程，教师才有战胜挑战的成长体验，才有真正的教学生活，这才是教师所应追求的职业感受，也是师德要求的较高境界。事实上，有德的教师形象，不应该只是一味付出的教师形象。教师是一个平凡的岗位，每一个教师都是平凡的人。平凡人可以有一颗平凡而健康、美好的心灵，平凡的人可以干出极不平凡的事业，为国家培养出极不平凡的优秀人才。每一个学生都喜欢一个健康、快乐、善良、自信的老师。

做这样的老师，不能仅依靠外在规范，必须自我修炼德性。

第二节　修炼师德

师德是教师精神世界的核心，它调解着教师的职业行为，推动着教师进行自我修养和自我完善，促使教师向理想的职业人格和更高的精神境界努力。高尚的师德是教师对自我生命的肯定、把握和确证，是具有统驭作用的生命力量，是实现其人生价值的动力源泉，是教师成长的标志，是创造和拥有美好幸福人生的根本保证。

教师是用智慧启迪指挥，用情感激发情感，以灵魂唤醒灵魂的工作。培育有德之人，需要有德之师。中国古代教育家孔子说："其身正，不令其行；其身不正，随令不从。"现代教育家陶行知先生曾说过"真的教育是心心相印的活动，唯独从心里发出来的，才能到达心的深处。"调查表明，学生对老师的印象最深的往往不是教师所传授的科学知识，而是教师做人、做学问的态度，是学生与教师充满人格魅力或个性魅力的心灵碰撞，是教师对他们激励性（或相反）的评价。特级教师张思明曾经对已经毕业的学生进行过调查，他让学生谈什么是最有力量的教育。结果答案是多种多样的，但共同的主题是：教师的人格，教师的为人、教师的学识。教师教给的知识很快就会遗忘，但是教师最有特点的表情、最有个性的语言、最伟大的人品、教师做人、做事情的态度等人格魅力，却给学生们留下了最深刻的印象、有着长久的影响。教师的人格力量包含教师的正义感、公平、正直、富有同情心、仁慈、富有牺牲精神、严于律己、宽以待人、学识渊博、善解人意等等这样的品格，而这样的品格正是师德的丰富内涵。正如苏霍姆林斯基曾指出的："教师成为学生道德上的指路人，并不是在于它时时刻刻讲大道理，而是在于他对人的态度（对学生、对未来公民），能为人表率，在于他有高度的道德水平，能唤起学生做人的尊严，能启发他们去思考活在世界上是为什么，谁就能在他们的心灵中留下最深刻的痕迹。"

师德建设包括宏观和微观两个层面。从宏观上看，师德建设是政府的责任。师德建设对于落实科学发展观，全面建设小康社会的是非常必要的。2020 年，我国将实现全面小康社会的目标，全面小康社会包括物质文明、精神文明、政治文明、社会文明、生态文明。然而当前，我们的精神文明、政治文明、社会文明、生态文明等方面还存在许多不足，教师是各种文明的宣传者，同时也是各种文明的实践者。通过教师的言传身教，有利于各项文

明的实现，有利于全面小康社会的实现。专家们建议，我国目前需要从 6 个方面逐渐建立与完善师德建设制度：一是教师培养对象选择制度。在选择教师培养对象时，注意将个人申请、教师推荐、参加入学考试与面试等结合起来进行，重点考察其职业理想、品德状况等内容。二是新教师岗前师德教育制度，从入口上把好师德关。三是严密的教师资格证书制度，将师德列为重要的考察内容。四是教师宣誓就职制度。这种形式具有强烈的暗示性，有利于震撼与净化参加者的心灵，强化参加者的角色认知，陶冶参加者的职业情感，规范参加者的职业行为，促成参加者的从众行为。五是教师聘用制度。将师德列为考评的重要内容与聘用教师的必备条件，实行一票否决制。六是新教师入门指导制度。对新任教师不仅要重视教育教学技能与技巧的入门指导，更要重视对新任教师的师德指导。

但是，师德主要是教师在从事教育工作中逐步形成的道德观念、道德情操、道德意志和道德行为，是教师从教育工作中所遵循的行为规范和必备的品质。教师职业生涯中，不仅用知识、技能、智慧教育影响学生，他们是在用情感、心灵和生命与学生共鸣、共融和共同发展。教师得到的成长是由教师点点滴滴的真实生活生命经历所构成，高尚师德的获得过程是教师踏踏实实、日积月累的生活过程。教师在教育教学过程中修炼品性、探索规律、提升德性；在师生交往过程中，不断充实自己，发现生命意义；在自省、慎独中将外在的职业道德规范内化为教师特性品质，发展为教师的精神核心。

一、拥有新的师德观念

从古至今，中华民族一向倡导"红烛"精神、为人师表、诲人不倦、热爱学生等传统师德师范。在构建和谐社会和深化教育改革的今天，传统师德中能够促进教育事业发展的师德品质还应当坚持发扬，但是今天的教育面临着众多的挑战，教师职业道德必定有着很多新的内涵，纵观他人的研究成果，以及作者本人的教育教学实践，可认为今天的师德至少应该包括以下内容：

1. 拥有新的教育观念

教育观念是人们对教育的地位、作用、过程、方法、内容、评价等方面的理性的认识。教育观念是在长期的教育实践中形成的，教育观念对教育行为具有制约作用，先进的教育观念能指导和促进教育事业的发展，落后的教育观念也会贻误教育，甚至对教育产生负面效应。可以说，教育观念是师德的灵魂。

今天，我们要确立"以育人为本"的教育观念。人本主义认为，青少年的成长是由学会生活、学会学习、学会做人这三维世界构成的。在这三维世界中，学会做人即"育人"是学校教育的根本任务。它对学生如何走好以后的人生道路，具有极其重要的影响。"师德"中有了"以育人为本"的观念，就决定了我们的教学活动不仅仅是"教书"，不能单凭考试分数的多少来评判学生的好坏，我们更要关注学生的心灵世界。也许有的教师说："我不是思想政治教师，育人不是我的任务。"此话差矣。教书育人不可完全割裂开来，各学科都承担着育人的任务，所谓"润物细无声"，以语文学科来说，新课标中明确指出："培养学生高尚

的道德情操和健康的审美情趣，形成正确的价值观和积极的人生态度，是语文教学的重要内容，不应把它们当作外在的附加任务。应该注重熏陶感染，潜移默化，把这些内容贯穿于日常的教学过程之中。"

有位资深的语文老师曾经讲述过这样一件事情，让我深深地感受到教师"育人"责任之重大。2007年初的时候，一位女同学在作文中写下这样一段话：

"我常常听老师和家长们说，一个人要怎样怎样的活着，才是有意义、有价值，可是我并不这样认为。我不知道我的这一生，到底要追索怎样的意义，活得是否有价值。一个人赤裸裸地来到这个世上，最终又赤裸裸地离开这个世界而去，无论他生前有多少财富、多大的名誉，到头来还不是什么也没有吗？难道他可以带走什么吗？仔细想想，人活着真是没有什么意思，真的很累。在20岁之前，我们要学习，活在家人、老师的期许之下，背负着沉重的压力和包袱；在20岁之后，开始走向社会，开始工作。为了有口饭吃，不得不拼命努力工作，依然很辛苦。到了40岁，要维持生活，养活孩子，整天忙碌着……如此看来，活着又是为了什么呢？来世上受罪吗？如果不是，那又是为了什么活着呢？人生的意义在于何处，真想不通。来到这个世上走一遭，最后又离去，什么也没有了，来和不来又有多大区别呢？"

在批改作文的时候，这位老师在同学的本子上写了以下几句话：

"十分高兴地看到你能如此深入地思考'人生的意义''活着的价值'这类问题。能作出这番思考，说明你不甘平庸。你说财富、名誉到头来什么也没有了，这话也许不假，李白就曾感叹'功名富贵若长在，汉水亦应西北流'，但一个人来到这忙忙碌碌的社会，就不可能不创造财富，不可能不有所追求啊。陶渊明可以'不为五斗米折腰'而不要官位、不图名利，可他还要'种豆南山下''晨兴理荒秽，带月荷锄归'嘛。如果每个人都抱着功名富贵终成空，不肯付出很辛的劳动，认为活着是受罪的信条，那这个社会就不会前进，人类也就只能处在动物时代。以我个人而言，虽觉生活有重压，很苦、很累，但想到通过我的'受罪'，可以让家中老母有口饭吃，可以让孩子有本书读，这就是十分令人高兴的事情。尤其是看到像你们这些天真烂漫、活泼可爱的孩子一天天长大，那更是叫人感到欣慰。'人生的意义'是个很大且很深奥的问题，我无从准确回答好这个问题，你相信老师，要我回答是给我出了个天大的难题。以上所说，不见得完全正确，供你参考。

下面是我昨天晚上在网上为你找的赵鑫珊写的一篇《人是什么》，望你仔细读读，看看哲人是怎样回答这个问题的吧。最后祝你在新的一年里收获更多的开心与愉悦，并与大家分享。"

据说，这位女学生下一周交上来的小作文中，写了这样的话：

"老师，很抱歉给你添麻烦了，我想对你说声谢谢。看了你的回答和赵鑫珊的《人是什么》，虽然不能说使我彻底弄明白了这个问题，但也是对我有很大的启发，让我明白了很多，对人和人生有了新的理解。我知道了我为什么活着，应该怎样的活着，不仅仅是为了自己，也是为了我的家人和整个社会。我不知道将来的我会怎样，但我会认真过好每一天，笑着走过我今后的人生

道路。"

值得高兴的是，这个女学生是这样说的，也是这样做的。后来她以积极健康的心态投入到学习与生活中去，不但成绩很好，而且乐于为同学和班级做事。这件事让我深深地理解了"以育人为本"的真正含义。

所以今天，我们要确立"让学生生活在希望中"的教育观念。多元智能理论认为，个人拥有相对独立的多种智能。每个人都可能在一两个智能领域表现得很突出。也就是说，每个人的智能强项是不同的，而教育的责任就是发现和发展出孩子的智能强项，使孩子一开始就处于心理优势的地位，能在发展过程中及早地体会到成功的快乐。在这种理论的指导下，我们要坚信"所有的孩子生下来就是天才""每一个孩子都是好的"的学生观，这样我们就容易发现学生身上的闪光点，发现并发展学生的强项智能。那种不负责任地指责某些"差生""无可救药""真笨""真傻"的做法只会使学生失去自信，对前途悲观失望，甚至自暴自弃。教师要拿出表扬的武器，通过表扬使"差生"从失败的阴影中走出来，抬起头来走路。

据《中国教育报》报道：

河南辉县市拍石头乡中心学校坚信"没有差生，只有差异"的理念，就是要让每个学生都抬起头走路，对前途充满希望。校长王金海解释说："在我们学校，没有'差生'的说法，而只说'后进生'。因为'差'表示在智力、能力等方面不如别人，而'后进'则是发展迟早的问题。"小高是被新乡市某学校开除的学生，由于学习成绩特别差，又有多种不良习惯，从小学到初中，从没有尝过受表扬的"滋味"。转到拍石头乡中心学校后，班主任张海军主动找他谈心，还在班会上发动同学们帮助他寻找优点，真正打消了他对老师和同学们的戒备心理。一次考试，小高语文考了35分，老师不但没有批评他，反而夸奖他的字比以前写得工整了。张老师在数学课上还专门设计一些简单的问题让小高回答，给他创造成功的机会，小高学习开始用功了。到二年级下学期时，他的数学第一次考了91分，其他学科也全部及格，使得这个差一点自暴自弃的孩子真正抬起头走路了。

今天，我们还要确立"没有差的学生，只有差的教育"的教育观念。我们现在的很多老师一遇到学生违反常规，一般是夹七夹八地一通训斥痛骂，结果是一部分学生当面就跟老师唱对台戏，搞得教师下不了台阶；一部分学生虽然当面承认了错误，可也并非心服口服。这些都造成师生关系紧张，长此以往，师生之间无和谐可言，教育教学活动也难以正常开展下去。相反，陶行知"四块糖的故事"或许能给我们很好的启示。

当年陶行知任育才中学校长时，有一天他看见一位男生欲用砖头砸同学，就将其制止，并令其放学后到校长室。等陶先生回到办公室，见男生已在等他。陶先生立即掏出一块糖递给他："这是奖给你的，因为你比我按时来了。"接着又掏出一块糖给他："这也是奖给你的，我不让你再打人时，你立即就住手了，这说明你很尊重我。"男生带着怀疑的眼神接过糖果。陶先生又说："我调查过了，你打同学是因为他欺负女生，说明你有正义感。"陶先生遂掏出第三块糖递给他。这时男生哭了："校长，我错了，同学再不对，我也不能采取这种方式。"陶先生满意地笑

了，他随即掏出第四块糖说："你已认错，再奖你一块。我的糖完了，我们的谈话也该结束了。"

这就是陶先生的教育艺术。陶先生独特的教育方式让那位男生发自内心地承认了错误。如果我们的教师都像陶先生那样，发现问题学生的闪光点，不失时机地肯定他们的优点，以表扬代批评，学生自然会认识到自身的不足，问题就能很好地解决，和谐教育就因此产生。要知道，学生是发展中的人，学生的不完美是正常的，而十全十美是不符合实际的。如果我们对学生求全责备，横挑鼻子竖挑眼，甚至打骂责罚，不但违背了教育教学规律，更是缺少起码的师德的表现。

农民发现庄稼生虫了，他不会怪庄稼不好，他会想我为什么没有除虫呢；看见庄稼瘦了，他想，我为什么没有施肥呢；看见庄稼枯了，他会说我为什么不浇水呢？一句话，他相信，每一棵小苗本来都可以长好，如果出了问题，是农民自己的责任。一样的道理，学生没有学好，肯定不是这个学生不可教，而是我们的老师没有本领或者失职，只能说是教育的失败。

2. 树立与时俱进，终身学习的新理念

谁也不会否认今天的时代发展太快了。旧知识很可能过时，新事物层出不穷。一名工作几年、十几年，甚至几十年的教师，就算他当年在学校学得扎实，站几年十几年甚至几十年的讲台，如果不学习，只能啃老本，甚至连老本都保不住了。这样的教师，上起课来也只能是捉襟见肘，毫无生气可言，谁会喜欢？因此，做一名好教师，必须与时俱进，终身学习，才能使师德的表现更丰富。一名教师应该学些什么？一是教育教学理论，二是本专业知识，三是生活与实践经验。

今天，我们不再为没有东西可学而担忧。没有哪一个时代像今天这样能方便快捷地获取新知。各类出版物浩如烟海，广播电视也多姿多彩，互联网更是无所不包、应有尽有，且及时互动、形式多样。学习不仅能提高自身的教育理论水平，还能开阔视野，增长见识，把握了教育发展的动态和方向。唯有如此，我们的课堂才会常教常新，充满活力。

3. 会沟通、善交流、能合作

现代教育思想要求教师摈弃传统师德的尊严，反对用惩罚、体罚等手段维护师生关系，维护校内教育教学秩序，而是讲求师生平等，民主，互敬互爱，教学相长，保障师生在和睦的气氛下进行教学，让师生共奏和谐乐章。这就要求我们的教师与学生会沟通、善交流、能合作。

沟通交流是当今教师的必修课。回过头来反思我们的教育教学实践，凡是有失误和失败的地方，其实很大一部分都是教师与学生缺乏起码的沟通与交流所致。一有问题，总是尽量地指责学生，而不是与学生进行平等的对话，倾听学生的心声，寻找问题的症结所在。说白了，还是顽固的师道尊严在作祟。由于我们的高高在上，学生只能对我们敬而远之，他们即使想跟我们说句真话、心里话，或是提个建议，也因为我们的"威严"而作罢。如果我们见到学生，主动热情地招呼问好；找学生到办公室谈话，善意地请学生坐下；师生交谈中，不是居高临下，而是保持平等，注意倾听；天气变化了，一声关切的嘘寒问暖……就在这些点点滴滴爱的双向交流中，师生间的距离在缩小，师生关系才和谐，

师爱才真切可感，我们的教育教学活动才能更好地开展下去。《中国教育报》曾报道山东临沂八中的王立华老师在担任班主任的时候，容忍甚至鼓励自己的学生直呼其名。这种做法虽然少了一些教师的威严，但多了一些师生间的亲切，让他和学生之间的距离拉近了。只有"无视"自己的尊严，并注意随时维护、尊重学生尊严，学生才会把他们全部的爱心和敬意奉献给教师，只有这样，教师和学生才能真正地沟通。

今天，经贸交往中讲求合作双赢，同样，教育也应当把教师能否与学生合作看作是否具有良好师德的一个重要表现。师生能合作则多融洽，不能合作，则少和谐。

4. 保护学生安全

2009 年 6 月 25 日，教育部在其官方网站上公布新修订的《中小学教师职业道德规范（征求意见稿）》，"保护学生安全"被首次写入新《规范》。该内容的加入很容易让人联想到四川汶川大地震后各媒体讨论得沸沸扬扬的"范跑跑事件"。在特大地震灾害面前，灾区广大教师像谭千秋则始终把学生的生命安全放在首位，舍生忘死、奋不顾身、保护学生，以爱书写了人民教师的伟大师魂，在全社会赢得了高度赞誉。但也有极少数教师像都江堰某中学的范老师在地震发生时，竟丢下学生不管，自己跑出教室。很显然，新《规范》写入该内容也明确了"教师要保护学生的安全"是教师群体所应该遵守的职业精神，需要广大教师共同遵守。能不能保护学生应该是检验教师的一个道德标准，学校在培养、教育学生的时候就经常说要"爱生"，而保护学生安全正是"爱生"的一个重要表现。

保护学生安全不仅是指在发生灾难时教师能舍生忘死、全力以赴救护学生，更重要的是，要求我们广大教师在平时为学生营造一个温馨平静的学习环境，尽量避免意外发生。不久前，在安徽省长丰县双墩镇吴店中学七（2）班，两名学生上课时打架导致其中一人死亡，授课教师杨经贵没有及时制止，而是继续上课直至下课。杨老师因此被冠以"杨不管"称呼，他是否负有责任也成为人们讨论的焦点。不管讨论结果怎样，有一点是可以肯定的，那就是杨老师的保护学生安全意识淡漠，既造成他自身的遗憾，也造成教育的缺憾。

如果我们的教师弃学生安全而不顾，学生的健康成长势必受到威胁。再说，学生是把教师看作楷模的，教师缺乏师德规范的行为，也很容易成为学生竞相仿效的榜样。如果真的是这样，教育的"育人"从何谈起，学生的良好品质何以养成，所谓构建和谐社会也只能是一句空话。所以"保护学生安全"毫无疑问是广大教师应当共同遵守的师德规范。

今天，国际局势风云变幻，国际竞争日趋激烈。教育是关系到国家盛衰、民族存亡的大事。教师重任在肩，没有良好的师德作保证，很难担起重任。为了每位学生的发展，为了中华民族的复兴，为了构建和谐社会，我们的广大教师一定要走在时代的前列，重师德、塑师魂。

二、懂得关怀

关怀与被关怀是人类的基本需要，人们彼此都需要其他人的关怀，需要被理解、被给予、被接受、被尊重和被承认。学校是

教师必备的10项基本素质和能力
Jiaoshi Bibei De 10 Xiang Jiben Suzhi He Nengli

人们学习关怀的场所，而教师在培养关怀意识和关怀能力方面可以发挥重要作用。教师关怀不同于一般意义上的师爱，要求教师以关怀者而不是教育者的身份出现，主要凭借的是榜样的力量。教师关怀不是一味地要求教师对学生的关怀，而是通过师生之间的关怀关系来阐明关怀，通过教师自身所散发出来的关怀魅力使学生感受到关怀的力量，以身教来加以示范，在潜移默化中使学生受到关怀的熏陶，从关怀中学会关怀。

教师的关怀表现为教师是学生精神的关怀者和守望者。教师的关怀意味着教师要和学生建立情感沟通的平台，因为缺乏情感的交流与共鸣就不可能有精神上的共鸣和流通。每个学生都有自己的生活世界，有着自己对生活的理解和认识，带着他们的理解的"前见"，教师不可能把自己对于生活的简介和认识强加给学生，而要在尊重学生对于生活的理解的前提下，将学生视为团体中的平等一员。

学生的主要任务是学习，但是任何课程本身都不能使学生主动学习，使学生产生浓厚兴趣的是老师。在绝大多数情况下，正确的师生关系决定了学生对于课程学习的热情，教师的关怀使学生对于外部影响和课程知识产生了接受性。因为"只有在学生知道你关心他们时，他们才会关注你的学问"① 教师对学生的友善态度，对个人的关心及人际间的合作的教育风格，对学生的智力行为会产生大量的积极肯定的影响。它将促进学生整体发展，帮助学生由不成熟走向成熟，由不道德走向道德，由他律走向自律，

---

① 《学会关心——教育的另一种模式》，【美】内尔·诺丁斯著，教育科学出版社，2003年版，P51。

成为一个具有理想人格的道德人。

三、学会宽容

俗话说："仁者无敌"，其实质就是宽容善待别人。作为一名教师，如果能以宽容之心善待学生，不仅可以维护学生的自尊心，而且能表现出教师的宽大胸怀，也必然会赢得学生的信任和拥戴。而自尊心是人内心世界中最敏感的一个角落，保护它、发展它，可以产生巨大的力量。得到别人的承认，受到别人的尊重，是一个人前进的主要动力之一。在青少年的心灵深处，就有这种自尊的需要，保护好学生的自尊心是学生积极健康成长的重要因素，所以老师要宽容学生。那么，老师要怎样做呢？

首先，宽容善待学生就意味着教师要把自己放在学生的位置上，和学生一起去感受和体验。尊重他的人格与自尊心，同情他，支持他，鼓励他，引导他和帮助他，去体验他们在学习中遇到的困难、期待及泄气的心情，去感受他们在成长过程中经历的挫折、渴望。这样，教师就不会因一时的冲动或失误，给学生的心灵造成伤害。我们知道，在任何班级中，学生总有好、中、差之分，有些教师对好学生则尊重、偏爱，对差生则嫌弃、厌恶。殊不知，这种做法恰恰伤害了后进生的自尊心这一敏感的角落，轻者，使这些学生越发失去自信，产生自卑，不求上进；重者，则会使这些学生对教师产生怨恨和抵触造成师生间的矛盾。

其次，宽容的内心是爱，爱班级中的每一个学生——不论他的表现是好还是差。善待学生是以心对心去滋润学生的心田，去包容学生的过失，去化解学生的不良情绪。大凡有卓识的教育家，

优秀的老师都积极主张教师在教学中不要盛气凌人地训斥、辱骂学生，而要善于激励学生、唤醒学生、鼓舞学生，其中最重要的是保护学生的自尊心。一位当代的知名教育专家曾经说过这样一句话："所有难教育的孩子，都是失去自尊心的孩子，所有好教育的孩子，都是具有强烈自尊心的孩子。教育者就是要千方百计保护孩子最宝贵的东西——自尊心，这是切断后进生源的重要手段。"

最后，宽容学生善待学生应以理解、尊重、信任学生为基础。只有教师把学生当作有血有肉的人来对待，给他们以尊重和信任的时候，才会激发他们的潜能。俗话说："于细微之处见真情"，师生交往的细微之处往往能使学生感受到教师真诚而深厚的爱。

现在与时俱进的新课程标准已经应运而生，"为了每一位学生的发展"是新课程的核心理念。为了实现这一理念，教师必须尊重每一个学生做人的尊严和价值，还要倾情关爱每一个学生的心灵成长，学会赞赏每一位学生取得的成绩，并和学生一同去品尝他们的成功和快乐！要学会运用宽容、理解善待学生的不足，让学生通过自尊心的得到尊重和满足来产生认识并改正不足的动力，从而达到"我给你自信，你给我成功"的目的。

善待和宽容学生，完全符合新课程的理念，正在而且必将使我们的教育在新的世纪呈现出一种前所未有的美丽——一种跨越百年的美丽、一种永恒的美丽。

四、有责任心

有师曰："位不在高，爱岗则名；资不在深，敬业就行；斯是教师，惟勤耕耘。"这是教师爱岗敬业精神的自然流露。爱岗敬业是教师职业道德的基础，在教育教学的实践中，表现为对学生、对事业的责任心。责任心促使教师热忱地、自觉地投入工作。具有责任心的教师不需强制，不需责难，甚至不需监督。他们将教书育人内化为自身需要，把职业的责任升华为博大的爱心，于细微中发现丰富，于琐碎中寻找欢乐，于平凡中创造奇迹。

马克思曾指出："作为一个确定的人、现实的人，你就有规定，就有使命，至于你是否意识到这一点，那是无所谓的。"责任心是社会对公民的规范和要求。人活在世上，不仅有向他人和社会索取的权利，还有向他人和社会付出的义务。事实上，权利和义务是相互依存的。工作懒散、见异思迁、不履行职责是公民缺乏责任心的表现。责任心还是一种主动积极的态度，是每个公民对自己从事的工作、生活的社会、相处的他人的一种情感体验。正由于责任心是对所有公民的基本要求，它便普遍存在于人类的生活中。无论你是否愿意，也无论你是否意识到，责任心无时无刻不在伴随着你，表现着你。它既可以在个人对民族、对国家、对政党、对事业的关系中发生，也可以在个人对同事、对朋友、对家庭的关系中出现。正是由于所有的社会成员都负有一定的社会使命或任务，对社会和他人履行责任，社会才能得以正常有序地运行。这是作为一个公民的基本要求。

责任心也是教师职业的首要条件。各行各业都有自己的职业道德，教师职业也不例外，"爱岗敬业"就是教师职业的基本要求。所谓"爱岗"就是热爱教育，热爱学生，热爱本职工作。所谓"敬业"就是忠于职守，尽职尽责，教书育人。教师的责任心

是职业情感的基础。当一个教师把爱岗敬业确认为自己的道德原则时，他就会产生对职业的自豪感、荣誉感和幸福感。这些积极的情感又会使教师对工作表现出积极、热忱和全力以赴的态度。责任心又是教师自觉地依法执教、热爱学生、严谨治学、团结协作、尊重家长、廉洁从教、为人师表的基础和首要条件。许多实例表明，缺乏责任心的教师不可能有严谨治学的积极性。所以在教师职业道德修养中，爱岗敬业是至关重要的问题。世界各国的教师职业道德规范，尽管民族差异，文化背景不同，但是各国都把爱岗敬业、忠于职守作为对教师的基本要求。

古今中外，大凡有作为的教师和教育家，无一不是具有强烈的责任心，无一不是对教育事业具有深沉的挚爱并为之献身的。陶行知就认为：责任心是教师应具备的重要条件之一。1919 年，他在浙江第一师范学校毕业生讲习会上演讲，提出新教员应具备 5 个条件：（1）要有信仰；（2）要有责任心；（3）要有共和精神；（4）要有开辟精神；（5）要有实验精神。前苏联教育家鲁普什卡娅说过："教师的职业是一种责任最重大、最光荣的职业。"加里宁也说："国家和人民把儿童托付给教师们，这是把伟大责任加在教师们身上的一种重任。"这些名言，是教育家的崇高职业情感、职业责任的真诚表露。这一切的一切都是教师道德的基石。

按照有关法律、法规的规定，道德规范的要求以及社会的近期和远期的需要，教师应努力使自己具备法律责任意识、道德责任意识和社会责任意识。

一个好教师还应具有道德责任意识，这种意识的形成是教师人格魅力的体现。教师的职业良心，是教师道德责任的重要范畴，是教师对自己所从事的劳动应负的道德责任的自觉认识和内心体验。道德责任作为教师的"良知"是教师信念的反映，是教师的自我法庭，它会在无形之中影响教师的决策，导向师德规范，调节教师的行为，评价教师的价值取向。教育是人类特有的一种社会活动，是有目的、有计划、有步骤地按一定的社会要求帮助人们形成社会所需要的观念、智力与能力，完成由"自然人"成长为"社会人"的过程。教育的社会功能决定了它与社会当前和未来紧密相连。所谓今天的教育即明天的经济便是这个道理。因此，教师要关注民族的昨天、今天与明天，研究社会的经济与政治需要，学习党和国家的方针政策，既重视校内教育，又能通过学校、家庭、社会教育的结合来扩大自己的视野，拓宽工作的时空，自觉地把对国家、民族的责任与对学生、对家长的责任联系在一起，这是教师具有社会责任意识的体现。

教师的责任心不是在轰轰烈烈中展示，而是在平凡、普通、细微甚至琐碎中体现。教师职业需要热爱，热爱是最好的老师。对教育、对学校的热爱是一种内驱力，驱动教师努力学习，刻苦钻研业务，随时注意研究学生，自觉地尽职尽责。热爱还需和乐趣结伴同行。教师如果热爱学校，热爱岗位，热爱学生，便会把自己的艰辛与美好的未来，与人类的憧憬联系在一起，感受到辛劳的价值、为师的自豪和工作的乐趣。对本职工作深沉的热爱会使教师劳而无怨，苦中作乐。保持对工作愉悦、专注的态度，兢兢业业、一丝不苟，以高度的责任心，去创造高水平的工作和高质量的成果。爱岗敬业还表现为教师对教学工作的认真。教学是

学校的中心工作，课堂教学拥有教师职业活动的主要时空，成为教师生活的重要内容。教师的爱岗敬业精神在教学工作中表现为：认真制定教学工作计划，认真备课，认真上课，认真布置和批改作业，认真辅导学生，认真设计、进行和不断改进考试，认真指导实验和开展课外活动，认真做好教学总结工作。

做到这几个认真，就能促使教师在教学工作的各个环节自觉地在传授知识的同时，培养学生良好的思维品质和行为模式，塑造学生的心灵。把教学作为手段、渠道，教学生学会学习，学会做事，学会做人，促进青少年健康成长。

第三节　师爱是师德的灵魂

教师对学生的爱，简称为"师爱"，是师德的核心，即"师魂"。在一定程度上，热爱学生就是热爱教育事业。热爱学生并不是一件容易的事，林崇德教授认为，"疼爱自己的孩子是本能，而热爱别人的孩子是神圣！"因为教师对学生的爱在性质上是一种只讲付出，不记回报的、无私的、广泛的且没有血缘关系的爱，在原则上是一种严慈相济的爱。这种爱是神圣的。这种爱是教师教育学生的感情基础，学生一旦体会到这种感情，就会"亲其师"，从而"信其道"，也正是在这个过程中，教育实现了其根本的功能。因此，师爱就是师魂。

一、师爱，是希望的火种

诗人柯岩创作的一段歌词写道："生活虽然欺骗了我，但我并不甘心落后，当人间重新给我温暖，我就开始新的生活。"

江泽民同志说过："正确引导和帮助青少年学生健康成长，使他们能够德、智、体、美全面发展，是一个关系到我国教育发展方向的重大问题。"几年来的教学实践告诉我："差"生从多角度讲，是诸多因素造成的。人们往往看到"差"生的劣面，却往往忽略了"差"生所受到的不公正和歧视，看不见他们的闪光点，没有寻找回来他们的世界，作为一名肩负培育下一代重任的人民教师，应撒种师爱，让他们希望之火重新点燃。

例如：

有位学生，因父母离异，没有得到过完整的爱，显得孤僻、缺乏自信。该学生的班主任特别注意挖掘他的闪光点，希望给他带去温暖。这位老师发现学生课余时间爱打乒乓球就鼓励他说："你真不错！表现给大家看看！"并有意让他担任体育委员，果然，这个学生对自己有了信心，开朗了许多，各方面都有很大的进步。

虽然生活中闪光的东西不一定是金子，但我们一定要把它当金子去冶炼和铸造，这样，希望的火种就不会熄灭，火种点燃之后，希望就在眼前了。

二、师爱，是理解的桥梁

教师的爱要爱得深沉，爱得理智，绝不能像一些孩子的父母，爱则溺爱酿成悲剧，恨则弃之不管不问。我们不能爱一时一事，满足于甜言蜜语，我们要对孩子的一生负责。师爱，要在学生感到迷惘，对学习失去信心的时刻，化作一座桥，成为教师与学生

之间的桥。这样，学生才会向我们走来，才能向我们打开心扉，乐于接受我们的爱和教育。江泽民同志曾在《关于教育问题的谈话》中指出："对学生的教育工作特别是思想品德教育、纪律法制教育，校内校外，课内课外，都要抓紧，一点放松不得。"青少年正处在成长发育阶段，智力发展快，思维活跃，兴趣广泛，处于兴奋有余、抑制不足状态，需要我们正确引导和帮助。做好学生的思想工作，首先必须怀着一颗火热的心去热爱学生，熟悉他们、了解他们、关心他们，与他们真心实意地交朋友，使他们感到师生之间的真诚和依赖，犹如父母亲就在身边的温暖。没有师爱，是体会不到"理解"的甘甜。

三、师爱，是无声的力量

师爱，不能满足于"动之以情，晓之以理"的层次上，情感教育和塑造灵魂的工作要开拓新的领域和境界，使所教学生能适应新世纪，适应世界的竞争，给他们走向新世纪打下坚实的基础。我们要为孩子们的未来负责。

也许大家有同感，班级较差的学生，整天受老师教育，毕业后对老师反而比优生更有感情。有人认为优生和老师建立一种亲密无间的关系，一段时间内产生师生关系融洽，但这种低姿态以抹平师生距离的方式赢得学生"喜欢"的做法，往往使得他再也无法在孩子们心中树立威信，赢得尊重。我认为这是有道理的，当然，这不是说教师的权威要靠距离产生的"神秘感"来树立。师生间的平等应是双方基于人格互相尊重基础上的平等。具体地说，师生平等包含这两个方面：一是教师对学生的尊重与爱护；

一是学生对教师的尊敬与信任。应当承认在左右师生关系的两方面因素中，教师对学生的态度占主导地位。

我们对待学生，必须坚信每个人的"可教育性"，不管是多调皮、多气人，只要我们穿透那张使人生气的表情，看到他们广阔的内心世界，对其正面教育，这样教师就能得到学生的尊敬和热爱与信任。当然，我们对学生倾注的师爱，并不想得到什么回报，也不想索取什么。我们爱过了，奉献了，就是幸福。

专栏 用爱心去赢得学生心灵

以下4位老师都曾获得过"优秀教师"的称号，让我们倾听他们用爱心去赢得学生心灵的故事，去领略他们热心待学子、丹心映教坛的教师风采。

2000年秋季学期，由于工作的需要，我调到龙胜各族自治县最边远的伟江乡崇林村完小任教。我当时接的是毕业班并担任班主任，班上有一个女生大概是因为家里贫困，开学好几天了，还不见来学校注册。我准备去她家家访，知情的老师一听说是她就直摇头，劝我别白费劲了。但是，作为她的班主任，我觉得我有责任让孩子回校上课。

随后2天，我两次踏进了她的家门，想把她劝回学校，但都无功而返。那几天晚上我辗转反侧：怎样才能让她回校呢？到了周末，我再次来到她家，先和她的父母做工作，我从知识的重要性讲到没有文化走上社会后的艰难，其实她父母也深有体会，一直在那点头。为了怕他们担心学校费用，我说："她学习生活上

有困难,我一定会帮她的。"见我如此有耐心和诚意,这一次父亲反倒做起了女儿的思想工作。

这名学生终于重回到学校。虽然后来又有几次同样的情形发生,但是经过我的努力,她一次又一次地重新返回课堂。农活忙的时候,为了不影响她学习,我和同学们去她家义务干活,她没有笔和作业本了,我自己掏钱帮她买。学习上有困难,我经常耐心辅导她,抓住她写字很认真、字迹工整的特点,我经常表扬她,使她重新树立起了信心,学习成绩也慢慢提高了,从一个差生成为了合格的毕业生。参加毕业会考她取得语文 83 分,总分 160 分的较好成绩,同事和家长都称这是个"奇迹"。

我曾经有过一个学生,性格比较急躁,稍不如意就大发雷霆。一次,学校请专家来给家长做报告,结束后,我请家长顺便到教室里坐坐,交流一下孩子们的情况。这个男孩子就在球场上点着我的名字大骂,说我阴险,表面上说是请家长听报告,实际上是想跟家长告状。这个学生的篮球打得非常好,那天刚好是学校组织的篮球赛,他就因为这件事故意让班里输掉了那场球。

当时我很生气,真想大骂他一通,不过冷静下来后,我理解了他。他一定是怕我告状,怕家长骂,再加上性格急躁,所以才暴跳如雷。因此,我没有因为这件事骂他,而是在班上对自己留下家长的举动进行了解释,之后就像什么事都没发生过一样,一如既往地关心他、帮助他。后来,他悄悄塞了一张纸条给我,上面只有 3 个字:"对不起!"我在心里笑了,我对他的理解赢得了他对我的理解!在这样的引导下,后来的他越来越表现出善解人意的一面。

其实，学生是很纯洁的，给予他理解和尊重，他们就会有所触动，甚至对他今后的人生都可能产生极大的影响，我们做老师的，还有什么理由不给他们呢？

在班级管理中我积极提倡"同位教育"和"心育"，同位教育简单来说指的是同等身份地位者的自我教育，"心育"的主要目的是为了帮助学生养成良好的心理素质，提高心理机能。

在我的学生中有一个叫燕子的北方女孩，她高挑秀丽，能歌善舞，成绩也很优秀。可就是这样一个女孩，进入高三之后却变得沉默寡言，考试中出现的低级错误也越来越多。焦虑的我不断找她谈心，但每次她总是回避，趁她在校上课，我去家访。

她的妈妈说："这个孩子觉得自己好倒霉，平时优秀，关键时刻就不走运。10岁参加省少儿舞蹈团复试前跌断了手。升初中时自己向往的实验中学又停止招区外生，初三转学，中考又遇到房子被拆迁，七凑八合影响了发挥，勉强才上了自费高中。她说自己是不走运的孩子，唉！"听到这番话，我总算明白了燕子变化的原因。

家访后，我一直在想，这样的孩子，只是简单的聊天谈心是不能帮助她解开心结的。几番搜索，我找到一位在湖南大学读书的学生小罗，要是用燕子的眼光看，小罗也算是一个正宗的"倒霉蛋"。中考失利，运动员评级不过关，高三因为小失误失去了保送良机，但她并没有气馁，凭自己的努力考入了湖南大学。

趁着寒假补课，我把小罗和燕子都请到班上搞活动，燕子刚

开始还不太情愿，可是后来和小罗聊得越来越投机，如同找到了知音。慢慢地，燕子恢复了她的开朗自信。

我认为，没有爱就没有真正的教育，每个学生都希望自己是成功者，都期待收获肯定和赞誉。我用最大的限度去理解、宽容、善待每一个学生。

昆昆是有名的捣蛋鬼，除了学习，什么都干，上课扰乱课堂，下课搞恶作剧，校外打架、吸烟，欺负女同学……接班第一天，我找他说："昆昆，以前的过错，让它成为历史吧。老师今后不再盯你的缺点，我要给你记优点！"他高兴得跳了起来！

平时我也经常进走他的生活，多方面教育开导他，"精诚所至，金石为开"，他开始变了。在班会上，我表扬了他："昆昆，你的进步让大家刮目相看！"在我的耐心教育下，他慢慢地转变为好学生。我想，只要有耐心，差生是可以转变的，老师的眼中不能有"差生"。

——《桂林晚报》，2008 年 9 月 6 日

第二章　较高的科学文化水平

要想学生好学，必须先生好学。惟有学而不厌的先生才能教出学而不厌的学生。

——陶行知

教师一方面要贡献自己的东西，另一方面又要像海绵一样，从人民大众、生活中和科学中吸收一切优良的东西，然后再把这些优良的东西献给学生。

——加里宁

"师者，所以传道、授业、解惑也。"我国古文《师说》中认为教师的基本职责应为"传道、授业、解惑"。显然教师要完成其基本职责，必须不断加强业务素质的修养，不断提高自己的科学文化水平。

第一节　教师离不开科学文化素质

一、教师优秀的科学文化素质有利于培养学生

夸美纽斯认为，教师的嘴就是知识的源泉，知识的溪流就是源源不断地从教师的嘴里流出来的，而学生就像水槽一样接受知识的注入。这个观点质朴的解释了教师的科学文化素质对学生的

影响。然而，在生产力和科学技术高度发展的今天，学生综合素质的提高和优化单靠教师的嘴是灌输不来的。要使学生具有应付迅速变化的现实的能力，具有创新精神和创造力，教学过程就不能再是教师滔滔不绝地讲，学生默默地记。但事实上，现阶段我国教师队伍中有相当一部分人的知识结构、科学文化素质还不适应教育事业发展的需要，不能适应培养高素质人才的要求，满足于"照本宣科""满堂灌"并不是个别现象。这在相当程度上导致了培养出来的学生，职能是缺乏灵活思维和丰富创造力的"书生型"人才。因此，提升教师自身的科学文化素质水平是一个紧迫而又非常重要的任务。

二、教师优秀的科学文化素质有利于提高专业教学效果

教师的教学活动是学校全部活动中最基本也是最重要的活动，教师的科学文化素质是提高专业教学效果的基础。如果教师本身科学文化素质不高，对专业知识系统就难以掌握得又透又深，就不能把握学科体系的内在规律和发展趋势，更谈不上引导学生举一反三，触类旁通。

教师的科学文化素质对指导学生的学习方法也有重要作用。教师有驾驭教材、教育知识的本领，教师能总结出一些卓有成效的科学的学习方法，并传授给学生。更重要的是能在教学过程中，总结出带规律性的经验和方法，以帮助学生更有效的学习。有西方学者指出，今后学校的教学内容应由三根支柱构成：第一根支柱——系统的知识掌握：（1）语言、文学及美术；（2）数学及自然科学；（3）历史、地理及社会科学。第二根支柱——智力技能

的培养，即从事学习的根本技能：（1）是用语言的能力，首先是母语，其次是第二语言；（2）运用电脑和科学仪器一类范围广泛的符号装置的操作能力，没有这种能力就无法就业、升学、也不能继续自学。第三根支柱——理解力、洞察力、鉴赏力和创造力的扩大与提高。教师要胜任教学，提高教学水平，必须高度重视自己的科学文化素质的提高。

三、教师优秀的科学文化素质有利于自身品德的完善

人们通常认为，思想空虚与知识贫乏是联系在一起的，而智慧、觉悟又与知识水平紧密相关。当我们对某种职业的知识缺乏足够的了解，就不能产生一种自觉意识去尽力从事这一职业。当我们具备了优秀的科学文化素质，认识到教育——人才——科技在人类社会发展中的巨大作用时，我们就不能不为自己从事的职业而自豪，并产生崇高的成就感和使命感。

教师具备优秀的科学文化素质，能够涵养人的品德情操，促进人格的完善。高尔基曾说过："人的知识越广，人的本身就越臻完善。"教师掌握了丰富的知识，就能提高道德认知和道德觉悟，增加自身识别美丑的能力；就能正确地把握自我、评价自我、自觉地用教师道德去调节自身与他人、与社会的关系。

第二节　精深的专业知识

教师的主要职责是教育，是通过系统的知识技能传授达到培养一代人的目的。

首先，教师的专业知识应该"实"。教师应该全面系统地钻研掌握本专业知识，做到踏踏实实、扎扎实实。浮光掠影、一知半解，不仅无益于专业知识的巩固、拓宽、提高，就连最起码的课堂教学也胜任不了。可能有的教师对同行们在某一字一词的斟酌不屑一顾，也可能对那些面对千古沿袭的定理规则仍深究根底的"傻气"付之一笑，甚至还可能错误地认为教学年级越低，教师就越不需要什么深奥的专业知识。这些浅薄无知的看法恰恰说明了这些人缺乏做教师的"专业知识"。一个称职的教师对自己所教的专业知识要有一个通盘的了解，对教学应"吃"透、钻研透，并能根据传统的教育对象的智力发展水平，把准教材的难易点、选择有效的教学方法进行教育。要做到这些，不经过刻苦学习、训练是不行的。

其次，教师的专业知识应该"深"。人们常常喜欢用"要给学生一碗水，自己应有一桶水"来比喻教师专业知识深度的重要性。对较喜爱以及与教材有关的知识，不仅要广泛涉猎，而且应该深入研究；不仅要"伸进去"知其然，而且也能"跳出来"知其所以然。只有"高"出学生，才能带领学生在知识的海洋中遨游，起到向导的作用；只有"深"于学生，才能把握科学知识的体系和规律，教给学生掌握知识技能的方法。教师在专业知识上的"深"并不是脱离教材的教学任务和教育对象的接受能力，用难、深、涩的东西"难"学生、"镇"学生，以示自己学问有多高深。一个学识渊博、基础雄厚的老师，恰恰是在于能够将教材上那些抽象深奥的理论通俗形象地教授给学生，使学生易于接受、回味无穷。教师专业知识上的"深"就是为了从整体上深入把握各种具体科学的知识结构以及发展趋势，以便将驾驭知识的技能和方法教给学生，让他们学得更主动、更扎实，知识面更宽、更厚。

教师的专业知识还必须"活"。我们知道靠死记硬背，生吞活剥地来的知识是死知识，充其量只能算是存储在记忆中的材料。只有那些真正理解、消化了的知识，才能成为教师自己的知识，转化为智慧，能为教学服务。教师在备课学习时，不要轻易放过任何一个"为什么"，一切要尽力弄懂弄通，并努力用实践检验。要使专业"活"起来，还必须向学生学习，向社会学习，让自己的知识得到源源不断的"活水"。

第三节　广博的相关学科知识

一名合格的教师不仅专业基础知识要精深扎实，而且还应该具备宽阔的与本专业相关的各门学科知识，具有广泛的文化修养和兴趣爱好。

要做到知识面"广博"，就要做到：

第一，每位教师无论尔从事何种教学，都要把文史地、数理化、音体美等基础学科知识作为教师知识整体系统的重要部分来认识，无论执教何种专业，都要尽量做到文理渗透、中外渗透。有条件的应能掌握一门或几门外语。

第二，要及时吸收当代科技发展的最新知识，了解各新兴学科、边缘学科的基本内容，并有机融会于课堂教学之中，丰富、拓宽教材知识。

第三，要把握各学科知识纵横发展的立体网络结构，以便及时充实自己的知识结构，增强教学工作的预见性。简言之，凡是与课堂教学、专业教学大纲有联系的各门学科知识，广大教师都应有所涉猎和了解。

教育家苏霍姆林斯基说过："教师应精通自己所教的学科，要有渊博的知识。教师具备广博的相关学科知识，有益于增强教学效果，唤起学生强烈的求知欲。"正如科瓦列夫所说："不言而喻，教师应当知道的东西，要大大超过他要教给学生的范围，要具有更宽广的科学视野，否则，他就不能唤起和发展学生对本门学科的兴趣，就不能满足他们的需要。"

当代科学技术发展同时存在着纵向分化和横向综合化两种趋势，即使是基本学科的内容也在不断地变化、扩大和综合。面对这种形势，教师居于一隅，假如只研究和精通某一专业以适应教学是根本不可能的。科学技术发展和社会的急剧变化已经不允许人们按部就班地进行传统教育，因为传统教育只是单功能教育。目前在每一学科内部及其体系中，已经越来越多地渗透进了其他学科的知识。教育的功能将日趋多样化，要求教师具有渊博的相关学科的横向知识，实现专横结合，"专才"与"通才"统一，以有利于满足学生多方面的求知需求。还要系统地掌握现代科学理论，包括教育学、心理学等方面的相关知识，开展教育科研、深化教育改革，适应培养高素质的创新人才需要。

第四节　提高教师知识修养

在教师成长的历程中，求知始终闪烁着永恒的价值。教育的发展，为教师知识修养创造了良好的条件，提供了更多的学习、提高、充实的机会。如学历教育、进修培训、在职自学等，都是教师在教学岗位提高自身知识素养可选择的途径和方式。

一、确立"终身学习"观念

当今世界，科学技术突飞猛进，针对知识化、信息化、全球化的时代特征。世界各国都在进行着一场深刻的教育改革，特别是对基础教育的改革。为跟上时代的步伐，这就更需要我们的每一位教师树立起终身学习的观念。

首先，终身学习是新课程对教师的要求。而今，新一轮的课程改革已进行几年了，新课程改革改变了学生的学习生活，也改变了教师的教学方式。新课程对教师角色的期望也改变。新课程对教师提出了师德高品位，专业高学识，能力多方位三个方面的挑战。为此，教师要会走终身学习的路子，成为学习型的教师。

教学相长，要变"一桶水"为"长流水"，教师必须在慷慨"给予"的同时努力"汲取"，变"教"为"学"，变阶段性"充电"为全程学习、终身学习。在当前生活中，由于生活的快节奏和工作的高强度已使我们的一部分年轻教师，不能静心读书学习。教师的不读书，不勤读书，无疑给专业发展带来致命的"后劲不足"，这也显然不能适应教师专业化的发展。因此，教师要抓住机遇，利用一切可以利用的机会，加强学习，在教学中要坚持理论与实践的探索，与时俱进，打破学科界限，增强教育智慧，提高自身素质，促进专业技能的提高。"振兴民族的希望在教育，振兴教育的希望在教师"。我们肩负着历史的重任，因此，我们

要不断充实自己、提高自己，新型的教师应该是终身学习的示范者，是学生终身学习的楷模。

其次，终身学习是教师实现自我发展的途径。新课程改革要求教师一切为了学生的发展。那么，教师使得学生发展的同时，自己本身也应该有最大限度的发展。因为如果没有教师的发展，学生的发展几乎是不能落实的。因此，为了能够达到这种高要求，应将自我的角色定位在"终身学习者角色"。只有透过学习，我们才可以重新创造自我。透过学习，我们才能够做到从未能做到的事情，重新认知这个世界，可以说，技术会被淘汰，教师在终身学习中的自我发展不会被淘汰，相反，教师只有在不断地自我磨砺中才会永远走在时代的前列，永远在潮头冲浪。我们面对新课改，要正视新课改，要走进新课改，要努力地使自我在新课改中不断地完善、不断地发展。机遇与挑战并存，探索和收获同在，尽快更新自己的教育教学行为，学会改变自我、充实自我、终身学习、终身研究、积极投入到改革中去。只要你努力，社会将给你无限的机遇。只有超越今天，才能赢得明天。

二、不断地开阔视野

信息时代，教育的变化必然要求教师重视终身学习，破除传统的封闭型，不断开阔自己的知识视野。今天教师的职能已经远不能是仅仅来源于书本，那种只埋头于课本和教学参考书的老师，在很大程度上会使自己的教学脱离时代，脱离现代生活。这是因为任何一本教科书都无法把该门学科的最新研究成果概括进去，更不用说描写清楚该门学科之间的横向联系。而且当代科学文化的发展趋势却是各类各门学科走向综合。这正如德国著名物理学家、诺贝尔物理奖获得者麦克斯·普朗克所言："科学是内在的整体，它被分解为单独的整体，不是取决于食物的本质，而是取决于人类认识的局限性。实际上存在着从物理到化学，通过生物学和人类学到社会科学的连续链条。这是一个任何一处都不能被打断的链条。"在当今的教师中，不少人努力加强与自己教学专业相关的边缘学科知识的了解和学习，这已经成为一种时尚。

目前，许多师范院校都在积极创办主修、辅修专业。目的就是要破除传统教师素质的封闭型，开阔当代教师的知识视野。很多学校还利用第二课堂活动，搞文理渗透，给文科学生开自然科学史、电子计算机课，给理科学生开文学、美学选修课。不少在职教师还把教育学、心理学、未来学等学科当作攻玉的他山之石，不断地将新学科知识融入自己的专业知识之中，向"博、大、精、深"迈进；有的教师将心理学与犯罪学相结合，在青少年德育教育方面取得了可喜的成绩。

法国作家福楼拜曾经说过："越往前进，艺术越要科学化，同时科学也要艺术化。两者从山麓分手，回头在山顶汇合。"对于当今的老师来说，在职能上必须是知识视野开阔、博学多能的"通才"。我们这里说的"通才"是指专博相济、一专多通、一专多能、主精辅熟的教师。著名学者李政道博士说："我是学物理的，不过我不专看物理，还喜欢看乱七八糟的书，我认为，在年轻的时代，杂七杂八的书多看一些，头脑就能比较灵活。"可见，破除封闭型，开阔知识视野，是提高和完善教师素质的重要途径之一。

三、加强相互交流，努力提高教学水平

今天，教师的功能从传统的教给学生知识发展为开发学生的智慧，挖掘学生的潜能，培养学生的创造能力。这是一项艰巨的使命。当代教育科学表明，人类的知识不仅在不断分化，形成许多新的边缘学科，如生态环境、生物遗传、宇宙空间、海洋工程、能源工程等新的学科；同时，也以前所未有的规模和速度不断地积累，只是变得日益精深。教育也跟科技一样，不仅各门学科纵横交错，形成知识的立体网络，就是教育学和教学法体系本身也日益丰富，同一知识的立体网络，就是教育学内容也因教法迥异而效果悬殊。为了保证自己能够站在教学改革的前沿，教师就必须发挥群体优势，以加强横向联系、活跃学术交流来弥补个人智能的不足。英国大文豪萧伯纳曾经形象而生动地评述过群体优势："如果你有一个苹果，我有一个苹果，彼此交换，每个人还是一个苹果；如果你有一个思想，我有一个思想，彼此交换，每个人就有两个、甚至多于两个的思想。"在今天的教育界，各类学科的研讨会、各类学术刊物、各类观摩和交流活动如雨后春笋，对相互交流是非常有利的。

加强横向联系，活跃学校交流，不仅要求在教师同行中创造一种"文人相敬、相互启发、相互促进"的好风气，还应根据时代的特点，大胆地跨出校门，与科研部门、企业挂钩，在生产时间和生活实践中搞科研、抓信息，是教师永远处在人类科学文化的前沿，不断地补充知识的新鲜血液。教师与社会发展横向的学

术联系已成为当今社会发展的总趋势，教师在参与这些学术交流后可以及时地提高自身的智能素质和教学水平，把最新的学术及科研成果传授给学生，有利于克服教学脱离时代、脱离生产和生活实际的弊端。

四、树立科学的时效观，提高工作效率

在教师的生涯中，真正令人遗憾的并不是老师"红烛"般的命运，"照亮了学生，耗尽了自己的光焰"，从一个有高尚责任感的教师的角度来看，那正是对教师崇高精神的礼赞。真正令人感到遗憾的，常常是匆匆流逝的时间。教师的一生，都消耗在讲台前、学生的作业本上和备课的台灯下。难怪许多老师都不约而同地把提高和完善自身素质的重要一环集中到能否树立科学的时效观。

现代生活的节奏加快了，从某种意义上来讲，"时间就是智能"。苏联作家格拉宁说："时间同矿藏、森林、湖泊一样，是全民的财产。人们可以合理地使用，也可以把它毁掉。打发时间是很容易的：聊天、睡觉、徒劳地等待、追求时髦、喝酒、诸如此类，不一而足。迟早我们的学校会给孩子们开一门'时间利用课'。"给青少年学生开时间利用课却是大有必要，但今天的当务之急是教师当中树立科学的时效观，让每一个教师掌握时间的运筹学，花尽可能短的时间，获得职能上的较大发展。

首先，是珍惜时间。长期以来"明日复明日，明日何其多"的思想使我们漠视了时间的价值。很多人认为时间是大自然最慷慨的馈赠，今天耗尽了，明天又复来。还有部分人对教师的"红

烛"精神有曲解，认为从从容容地度过几十个讲台春秋，就算是一种贡献。所有这些都是产生于对时间宝贵价值的不了解，把时间和效益割裂开来。从教师的工作来看，他的时间应该是更有价值，更应该珍惜，因为一个教师的一个小时就是几十名学生的一个小时，教师在教学中如果漫不经心的白耗一个小时，就等于剥夺了学生一个小时的黄金般的青春生命。所以鲁迅先生说："无端地白耗人家的时间，无异于谋财害命。"

其次，是科学地安排时间。教师的工作日程表总是排得满满的，就是星期六、星期天有的老师还在工作。莫说学习提高，就连锻炼、做家务和休息的时间也被挤掉了，许多教师为此而苦恼。作为当代科学文化的传播者，教师应该是科学、健康和文明生活方式的倡导者。科学的分配时间，掌握时间的运筹学是其中的关键。我们可以按照科学的比例分配好一天中工作、学习、休息、娱乐、锻炼和睡眠的时间，有计划地调配一周乃至一月的活动，使之成为规律，不因工作繁忙而取消娱乐和不适当地压缩睡眠时间，也不要过渡地消遣而荒废学习和工作。"书山有路勤为径，学海无涯苦作舟。"只要勤于耕耘，持之以恒，一定会成为一名自身学识渊博，深受学生爱戴，得到社会承认的好老师。

专栏 北京景山学校特级教师毛桂芬

十几年来，毛桂芬积极探索物理教学改革的新路，一步步攀登教育艺术的高峰，走在了教改的前沿。

毛桂芬，1983 年毕业于首都师范大学，1990 年在北京大学物理系获理学硕士学位，现为北京景山学校特级教师，物理教研组组长。曾获北京市科技进步三等奖、第一届全国青年物理教师教学大赛一等奖，北京市中青年骨干教师、北京市优秀教师、北京市三八红旗奖章获得者、全国模范教师。

北京景山学校是全国知名的重点学校。毛桂芬是北京景山学校知名的特级教师。毛桂芬虽然刚刚四十多岁，但在物理教学上已经形成了自己独特的风格，取得了显著的成绩。和毛桂芬交谈，和她的领导、同事交谈，和她的学生交谈，你会被一种热情包围，久久难以平静。

她第一个用 CAI 课件作课

1994 年 4 月，在上海举行的全国第一届物理青年教师教学大赛上，各路高手纷纷一显身手。毛桂芬讲授的是高中课程中的基础知识，难度比较大。当毛桂芬讲到学生最不容易理解的地方时，只见她轻轻地一点鼠标，一个"简谐震动"模拟情景便展现在与会者眼前，完美的课堂设计及生动清晰的教学，特别是恰到好处地使用 CAI，使这节课获得了极大的成功。

毛桂芬的这节课使北京成为当年在全国物理教学大赛中唯一使用计算机辅助教学软件的省市，毛桂芬也获得了一等奖。

这令人羡慕的"第一"是来之不易的，究竟下了多大功夫，流了多少汗水可能只有她自己才知道。1983 年，景山学校有了第一台苹果机。毛桂芬还清楚地记得，当时不仅懂行的人很少，而且资料也不多，仅有的一本中文繁体版的说明书在几个人手中传来传去都快翻烂了。毛桂芬下决心学习编制物理教学软件，提高物理教学水平。她首先选择了"抛体运动"这个课题。课题选好后，她边干边学。学校新装修的计算机教室四壁和天花板新刷了

油漆，气味刺鼻难闻，又不能开门窗。那时她正怀孕在身，在这样的教室里一坐就是半天。有时到了下午2点，才想起还没有吃午饭，站起来两条腿都不会走路了。功夫不负有心人，在半年多的时间，除了"抛体运动"以外，她还制作了力、热、电、光一套物理教学软件。这些软件，在全国第一届利用计算机辅助教学研讨会上进行了交流，并获得北京市科协颁发的科学技术三等奖，北京市政府电子振兴办颁发的北京地区优秀软件三等奖。

打开知识的"窗口"

毛桂芬认为，物理作为整个教育的一部分，它的内容是培养学生的科学素质。若干年后，学生们各司其职，可能在工作中不会直接用到物理知识，可能把某些知识的细节忘记，但是物理教学中的科学素质应该在他们的工作中一直起作用。

毛桂芬培养学生科学素质的具体做法是：

在课堂教学中渗透科学思想方法。根据教学内容，结合物理学史对学生进行物理思想方法的教育，并撰写了《中学物理教学中的物理方法》《中学物理中的理想化方法》等论文。

打开科学知识的"窗口"。毛桂芬认为物理课能够教给学生的科学知识是有限的，但是在物理课上结合物理知识，打开科学知识的"窗口"是有必要的。所谓开"窗口"，就是有目标地、适时地向学生介绍科学的发展、技术的进步以及科学和技术在生产生活中的应用，开阔学生的视野，为学生发展个人兴趣、爱好提供"窗口"。开"窗口"的作用是显著的：尽管高中的学习生活很紧张，仍有许多学生自己找来天文学、航天技术、宇宙学、黑洞理论、大学物理等书孜孜不倦地学习，甚至几个同学一起讨论。

　　培养探索和创新精神。毛桂芬把探索精神和创新意识作为发展学生科学素质的重点内容。为此，她在教学中运用探究式教学模式，增加实验课。例如在"恒定电流"这一章，增加了"研究小灯泡的电流与电压的关系"一课。上课之前，学生脑子里就是欧姆定律，总认为电流和电压是正比关系。上课时毛桂芬提出研究课题，让学生自己设计电路、讨论电路、动手操作、研究处理实验数据（图像法），最后由实验得出结论。这节课的重要意义不仅仅在于使学生认识了小灯泡电流与电压的关系，还在于培养探索精神和学习方法。为了培养学生的创新精神，毛桂芬也在不断改变着教学模式，就是在高考任务很重的高三年级，毛桂芬也在尝试一种新的教学模式，即用多端性问题引导教学模式。这种教学模式的特点是用多端性问题做引导，启发学生思考相关问题，训练学生的求异思维能力和创新精神。

　　在多年的教学实践中，毛桂芬形成了自己的教学风格，并且在发展学生素质、培养学生能力和提高教学质量方面取得了显著的成绩。由于提高了课堂教学效率，她的学生课后负担不重，成绩理想。

不断"充电"的"百科全书"

　　在北京景山学校，毛桂芬因为知识渊博被同事和学生们戏称为"百科全书"。物理界的任何最新问题，甚至一个名词、术语，毛桂芬都能很快地回答你。

　　毛桂芬说：我认为教师这个职业所以高尚，在于它以育人为己任，教学生如何做人，教学生科学文化知识、培养学生能力。

做一名优秀教师，为了照亮别人，仅仅燃烧自己是不够的，必须不断地用各种新知识、新观念、新方法充实自己、完善自己，才能在当今社会中担当照亮别人的重任。

她不仅仅是这样说的，更是身体力行地实践着。她从教 20 多年来，从未停止过"充电"：一方面勤勤恳恳地工作，认真做好每一节课、每一次活动，认真研究教学方法、教学环节；一方面利用各种机会、各种方式，抓紧一切时间学习新知识、掌握新技能。

为了把知识的精髓教给学生，她常常要花很长的时间钻研教材，查阅资料，反复琢磨。为了一节课的教法，她请教老教师，翻阅优秀教案，有时一个教案要推翻几次才能定稿。为了满足一些能力强、基础好的学生的需要，她还准备一些更深的知识内容、更严格的理论推导、更复杂的题目作为选学内容。20 多年来，毛桂芬从来没有用过旧教案上课。

1986 年北京市教育局决定送一批青年教师到北京大学读硕士学位。经过考试，毛桂芬以总分第一被送入北大研究生院物理系学习，当时她心里的滋味真是一言难尽。她认为，做一名优秀的人民教师，想教出一流的学生，起码应该知道一流的学生是什么样子。现在如愿以偿，对自己来说，是多大的欣慰啊！同时，她又非常发愁，心理压力很大，因为在 2 年之内必须通过北京大学一年一度研究生入学考试。考试通过，学分有效，可继续读学位；考试通不过，学分无效，就只有回家了。摆在她面前的困难很多，可她丝毫没有退缩，而是用超常的毅力投入了紧张的学习。每天，她的固定作息时间是：早上 5 点起床，晚上 12 点睡觉，在除睡觉外的 19 个小时里，时间被备课、讲课、听课、自己写作业、给学生改作业、看书、跑路、哄孩子排得满满的。她的英语单词都是在公共汽车上背下来的。

就这样，第一年她就顺利通过研究生入学考试，3 年后修满学分，通过硕士论文答辩。在北京市教育局送入北京大学学习的 30 人中，她是 5 个取得硕士学位的人之一。

有人对她说，你教中学，何必苦读研究生呢？有大专水平就足够了，学多了也没有用。毛桂芬回答："读了硕士学位，虽然不等于今后工作中有成绩，但它确实使我站得更高、看得更远、想得更深了。那些知识、那些物理学的思想、教授们对科学的严谨态度、研究问题的方法，开阔了我的眼界和思路，作为一名中学教师，它使我的根基更深更稳。"

十几年来，毛桂芬积极探索物理教学改革的新路，一步步攀登教育艺术的最高境界，走在了教改的前沿。

——《中国教育报》，2000 年 8 月 1 日

第三章　教育科研——求索者的平台

同是不满于现状，但打破现状的手段却不同：一是革新，一是复古。

——鲁迅

发展独立思考和独立判断的一般能力，应当始终放在首位，而不应当把获得专业知识放在首位。如果一个人掌握了他的学科的基础理论，并且学会了独立地思考和工作，他必定会找到他自己的道路，而且比起那种主要以获得细节知识为其培训内容的人来，他一定会更好地适应进步和变化。

——爱因斯坦

苏霍姆林斯基认为：教育科研能提醒教育工作的境界与效力，将呆板枯燥的教师工作改头换面，变得生气勃勃；教育科研是每位教师心灵深处的需要。

第一节　解读教育科研

我们不少教师对教育科研感到困惑，不知什么是教育科研，不知教育科研从何入手，甚至有的教师认为教育科研是科研人员的事，实际教学中科研很难与现实结合；有的教师只顾蒙头教学，对教育科研与实际教学结合兴趣不高，凡此种种都影响了教育科研的开展。那什么是教育科研？我们教师如何搞教育科研？

所谓教育科研是研究者借助教育理论以有价值的教育现象为研究对象，运用相应的科研方法，进行有目的、有计划地探索教育规律的创造性认识活动。如有位小学教师，发现一年级的学生抄写生字一字多遍，负担很重，于是进行了"抄四遍和抄八遍的效果比较"的实验。结果证明抄四遍效果最佳。然后写成研究报告，论证"减轻负担，提高质量"大有潜力可挖，受到各方面的重视。这位老师的这种做法就是一种科研活动。再如，2002年10月12日，一名来自苏北偏僻水乡小镇叫张向阳的老师，以做一个有理想的教师为追求，在网吧里写了他的第一篇教育日记《在理想的家园中实践我们的教育理想：放弃霸权》。这位江苏盐城的农村小学教师竟然在200多个夜晚写出了近30万字的教育日记！更不可思议的是，他的教育日记已在10余家省级以上教育报刊发表了50余篇近7万余字。

从上面教育科研的定义以及事例可以看到，教育科研具有以下几个特征：

第一，教育科研是一种有目的有计划的科研活动，这同按上级规定的四平八稳的常规教育教学工作有所不同。有目的有计划就要有设想和超前意识，所以它是一种研究活动。

第二，教育科研是一种创新活动。它不能走别人走过的路，重复别人已做过的事，要解决前人未解决的问题。它最终提出的必然是新知识、新经验、新方法、新理论。

第三，教育科研要借助一定的理论和方法。既要搞科研就要借助一定的理论来指导，扩大和加深对问题的认识，同时要选择

恰当的科研方法。这种方法不能局限实验法。还可以采取观察法、调查法、总结法、个案法等。

第四，教育科研是一种探索规律的活动，它要求研究者对研究的教育教学现象的研究结果，达到规律性和本质性的认识，其研究成果有普遍推广和指导作用。

正因为如此，我国各级教育部门是鼓励和重视教师开展教育科研的。《教育法》指出，国家支持、鼓励和组织教育科学研究，推广教育科学成果，促进教育质量的提高。《中国教育改革的发展纲要》也曾明确要求："鼓励和支持学校、教师和教育工作者积极进行改革实验""每个教育工作者都应积极参与教育科研工作"。

科研对教师自身发展具有十分重要的意义，表现在：

首先，教育科研是促进教学的途径之一。教育研究有利于教师不断积累实践知识。教师个人的实践知识是指教师关于课堂情况和课堂上如何处理所遇到的困境的知识，它集中反映了课堂教学的复杂性和互动性特征，是一种体现教师个人特征和教学智慧的知识。教师在教育教学过程中所形成的个人实践知识，直接影响到对教育教学、师生关系、课程实施的理解，影响到教育教学活动意义与方式的重新构建。教师的教育研究将通过不断反思把实践知识深化和系统化。

其次，教育科研是促进教师专业发展的重中之重。近年来，人们通常把"教师成为研究者"当作了教师专业化的同义语，是否具有较强的研究能力，成为区分一个教师是专业教师还是非专业教师的根本标志。从斯腾豪斯的"教师成为研究者"到埃利奥特的"教师成为行动研究者",反映了国际潮流中教师专业自主和专业发展的具体化。随着教育改革的不断推进,教师专业化不断得到重视和加强,教师的研究能力越来越成为教师专业发展的重中之重。研究能力的培养往往采用参与行动研究,参加课题小组或问题解决小组,观察同伴的教学,撰写教育叙事,编写杂志,参与教材和课程改革过程等方式。

最后,科研有助于教师自我提高。科研能使教师发现一个新的更丰富的自我,从而也能发现一个新的更广阔的教学天地。"我"更新了,便有了新的眼力、新的观察力、新的承受力、新的胸怀。由于自新,便会感觉他人新、世界新、工作新、江河山川新,人工作起来才有乐趣、有意义,工作热情才会高涨,才会有创造性。大量实践表明:教师参与科研能唤起并增强教师自信心与教育的自我效能感,能不断消除教师的职业倦怠,使其不断探索新的东西、解决新问题,能提高教师专业化水平,提升教师学术形象等。

第二节　由经验型向研究型转变

一、研究型教师及研究型教师群体

通常认为,具有较强的研究意识和研究能力,在教育实践中勤于反思、善于反思,能不断地发现问题、提出问题、分析问题、解决问题,并能自觉地运用先进的教育思想和方法指导实践,改进自己的实践行为,积极探索创新,提高教育效果的教师可以称

为研究型教师。而研究型教师群体即在校内有一批符合研究型教师要求的教师，且人数不断增多，校内绝大多数教师不仅对之认同，而且均有为之努力的意愿和行为。

二、研究型教师及研究型教师群体的特征

首先，实践反思。一是具有反思的意识；二是养成反思的习惯；三是具备反思的能力；四是知晓反思的内容；五是形成反思的成果。

其次，研究探索。我们的研究是针对日常教学开展的，是在工作常态下的研究，学会研究是贯穿全过程的，构成处处有研究处处要研究的研究状态网络。

最后，专业引领。教师与教师之间的互通有无本身就是一种启示和学习，都可能成为一种资源，研究型教师更是可以为学校建设服务的资源，他们可以给其他教师以指导帮助，在自己走向专业化的同时也引导同行一起走向专业化。

三、研究型教师应具备的基本素养

其一，具备教育科学的基础知识。广大的中小学教师要成为研究型教师，必须要认真学习教育科学的有关基础知识。因为能否开展教育科研以及开展后能否成功在很大程度上取决于从事教育科研人员的理论素养。所以要学习教育学、心理学、教学论、课程论、学习论、教育心理学、儿童心理学、教育与心理测量，以及中外教育史、教育名著等等。

其二，掌握教育科研的一些基本方法。教育科学研究的方法

有多种，对于中小学教师来说，要掌握的则是一些比较基本并在中小学教育科研中经常运用的方法，如：经验总结法、观察法、测量法、问卷法、调查法、文献资料法、比较法等，掌握了这些方法，就需要中小学教师在教育实践中不断运用，任何一种方法的娴熟运用不是靠背书得来的，而是从实践中来的。同时，在教育科研的过程中，往往不会单纯地使用某一种方法，而是多种方法综合运用，或者是以一种方法为主、其他方法兼用。

其三，具有一定的奉献精神。中小学教师由于其教育教学任务十分繁重，特别是在目前还没有完全脱离"应试教育"这个怪圈的情况下，要他们同时从事教育科研，开展学术研究，其负担是可想而知的。因此，在一些教育科研还在起步阶段的地方，特别要提倡从事教育科研的教师具有奉献精神，如果我们的教师没有一定的奉献精神，在工作量上斤斤计较，那么教育科研就不可能开展下去，研究型教师也就无从谈起了。

其四，具有敏捷的思维。存在于中小学教育教学中的问题很多，关键问题是我们能不能开动脑筋，积极地钻研它们，并力图解决它们。研究型教师就要具有敏捷的思维，善于思考问题，及时发现解决问题。

第三节　研究型教师的成长和发展

课程改革时期，对教师的教育教学水平提出了更高的要求，课程改革的成败很大程度上决定于教师是否具有研究能力和水平，在这样的背景下，开展行动研究是研究型教师成长的最佳策略之

一。即教师在研究人员的指导下去研究本校本班的实际情况，解决日常教育、教学中出现的问题，不断改进教育、教学工作的一种研究方法，与行动研究密切相关联的是"教师即研究者"理念。开展行动研究，要转变观念、遵循一定的程序、构建相应的机制。

一、转变认识

有人认为，教育研究是一种负担。因为从表面上看，教师教学任务繁重，大量的时间不得不投入教学。教师的任务是"以教学为中心"，繁重的教学负担几乎没有为研究留下多余的时间。其实教师所进行的研究是一种特殊的"教学研究"，是对教师自己的教学进行思考和探究，这种研究的目的不是为教学增加另外的负担，而是力图使教学以更有效的方式展开。因此，尽管在研究之初教师可能费时费力，但一旦进入研究的正常状态，当教师从自己的研究中找到了有效的教学策略和教学管理策略时，就有可能熟练地解决种种"教学困惑"、减少无效的重复劳动，在不一定增加工作时间的前提下提高教学效率。

同时，应该认识到行动研究是最有效的学习。教师提高教学研究技能的途径有 3 种方式：阅读，即教师自己阅读有关教学理论和教学研究方法的论著；合作，即与大学或研究机构的教学研究专家合作进行实验研究；行动研究，即教师针对实际问题自己思考解决问题的办法。这三种方式之中，实际上以"研究"最有实效。教师通过自主的研究才能唤起阅读的需要和合作的兴趣。不少人将研究技能的提高寄希望于教师"脱产进修"或"在职培训"，殊不知教师在自己的教室里亲自进行研究即是最有效的"在职培训"方式。并非一定要等到系统学习、研究技能提高之后才产生研究，而是先有研究之后才能产生学习的激情，才能在研究的过程中提高研究技能。

二、明确程序

行动研究是一个螺旋式的发展过程，每一个螺旋发展圈又都包括几个相互联系、相互依赖的环节。

第一步，要选择好待研究的问题。即在学校统一组织下，对学校在教育、教学上存在的问题进行调查分析，对问题作出归纳、分类，形成一定时期内教师要通过研究解决的问题。教师从众多的问题中概括出具有普遍性和研究价值的问题，通过讨论和交流，初步形成各年级或各门学科中的主要问题，形成一个时期学校需要重点解决的问题群。

第二步，进行理论探讨。即从教育理论中有针对性地选取最合适的内容，为解决筛选出的问题提供理论指导和操作规范，从而保证行动研究的正确性。教育科研人员、教育理论工作者要根据教师选出的问题，寻找与问题相关的理论，有针对性地向教师介绍，让教师了解与问题相关的教育理论，通过组织教师学习、讨论，教师结合自己的教育、教学实践进一步从中选出适合自己需要的教育理论。教育理论很多，有的很抽象、深奥，进行理论选择时，要注意针对性、贴切性。

第三步，进行实施和反思。即教师按照计划、行动、观察和反思的顺序，在教育科研人员、教育理论工作者的帮助、指导下，

创造性地运用自己已经选择的、有针对性的教育理论，解决具体教育、教学问题，改善教育、教学工作，并对实践的结果作出总结和反思。行动研究的目标是在实施和反思这一阶段实现的，它是行动研究的关键阶段。这一环节需要教师撰写开展行动研究、总结实践经验的论文，为继续开展行动研究提供参考。

三、构建机制

在课程改革中大力提倡教师行动研究，需要学校与上级行政部门构建促使教师开展行动研究的机制。

首先，学校要给予时间保证。因为在现有教育体系下，教师忙于应付日常工作，有些教师甚至对学生实行看管式管理，这样教师们忙于应付，疲于奔命，几乎没有时间反思自己的教育教学行为。在提倡对学生进行减负的今天，也需要对教师进行减负，把教师从繁琐的简单劳动中解放出来，从事创造性劳动。实践证明，在对教师工作进行加减运算时，首先需要做减法，然后再做加法，这样更容易推行。减去不必要的工作负担，增加教师的行动研究时间。

其次，学校应尽可能提供帮助。教师开展行动研究，需要理论上的帮助。理论书籍是教育理论的书面载体，专家是教育理论的活化载体，两者缺一不可。然而，现在有些学校教育理论书籍缺乏，只购买各个学科的辅导资料，因而教师很难得到教育理论书籍的帮助，需要构建学校开展教师行动研究的理论支撑体系，包括书报杂志。同时，学校还应该聘请有关专家作为教师开展行动研究的引路人，在这方面学校应该有投入意识。

最后，学校应建立激励机制。学校在晋职晋级方面应该向开展行动研究的教师倾斜，鼓动教师多读书、多行动、多反思。现在有一种倾向，认为中小学教师开展研究、写作教育论文没有必要。这种看法是对教育工作性质的简单化理解、短视的理解，忽视了人的工作的复杂性。认识到教师行动研究对于提高教育质量、深化课程改革的重要性，需要落实到行动上，建立激励机制非常必要。

同时，在研究型教师成长过程中学校应在具体工作上做好以下几个方面：

首先，召开教师课题或论文成果学习研讨会。教师课题或论文成果学习研讨会，要每学期开一次，学校教导处在开此会之前，先收集本学期教师的教科研成果，并汇编成学习材料，提早分发给教师自学。研讨会的举行，可采取分组学习方式（如分科组），在研讨会上，先让获得课题或论文成果奖的教师介绍自己的教科研成果，要求着重介绍自己的有效的经验做法和取得的成果，介绍时不能照论文原稿读，要辅之以讲解，并有时间限制，然后围绕着学校教师的教科研成果交流学习的体会，分组展开研讨，研讨教师要着重谈自己对教科研成果的体会，说说哪些做法值得自己借鉴，哪些做法值得商榷，提出进一步深入研究的做法、建议。研讨时要有记录人做好研讨情况汇总。这种教科研成果学习研讨会能提高教师的参与程度，能使教科研成果深入人心，能使教科研成果在学校得以有效推广应用。对参加会议和会上发言的老师学校要做好记录，装入档案，并与教师激励政策挂钩，激发教师参与的积极性。

其次，借助教师培训的有效方式提高教师的研究能力。当前教师培训的有效方式是培训者围绕培训内容先制定培训专题的培

教师必备的 **10** 项基本素质和能力
Jiaoshi Bibei De 10 Xiang Jiben Suzhi He Nengli

训目标，然后像给学生上课那样，使培训教学既有传授理论，又有应用实例；既有讲解，又有提问；既有讨论，又有评价。这样的培训才能提高参训教师的学习积极性，才能使培训逐步内化为教师的知识。过去的教师培训，一般是培训者作报告，只凭一张嘴讲，不做板书，不布置思考题，不提教学目标，一味强调可听性，其效果还是不高，参训教师的参与程度差，学习目的性不明确。培训的有效方式，除了培训者要注意提高参训教师的参与程度外，还应注意：（1）培训计划安排要周详，准备要充分。周密计划、认真准备是增强培训效果的前提条件；（2）培训形式要活泼多样，富有情趣。教师培训的形式不能都是讲课，应辅之以其他各种活泼、富有趣味的内容形式，把娱乐、教育、认识作用有机结合起来，如结合教科研成果培训，安排教师观看有关的多媒体课件、录像及课题成果材料等。这样的培训学习就不会空洞，才会使人感到印象深刻；（3）要对学习内容进行测评。学习者能力或倾向的变化，必须通过学习内容的有效测评才能获悉。测评在培训中具有导向、激励、反馈、调节作用，培训内容测评的方式很多，如口头提问测评法，书面问卷测评法等。测评是一种手段，而非目的，每学期或每学年进行一次。

第三，每年召开一次教科研成果推广现场会。学校教科研成果推广现场会的召开是学校教科研工作的重要组成部分，每学年召开一次，由学校领导直接负责召开。对于在推广会上交流、推广的课题成果和获奖发表的论文，学校教科研领导小组要认真筛选。在选定教科研成果获得者进行交流推广时，要先布置，认真准备，印好交流材料，做到人手一册。学校教科研成果推广会的内容至少含4项：（1）教科研成果材料展示。要布置参观室展示教科研成果，如照片、奖状、课题档案材料等。要求每个课题建立一个材料档案袋，档案袋内必须有：课题方案，课题相关背景学习材料，课题研究过程的体会及论文，课题研究过程的典型案例，课题研究取得的成效凭证，课题活动大事记，课题结题报告；（2）课题成果汇报课。就是让取得教科研成果的教师上成果实践课（指与课堂教学联系密切的成果），一般把上课放在开会之前进行，那些能充分体现教师教科研成效，又能结合课堂教学得以展示的课题实践课，是教科研成果推广最有效的见证；（3）有关领导讲话并颁奖。主要谈对教科研成果意义的认识及对开展教科研活动的建议；（4）取得教科研成果奖的教师汇报教科研成果。总之，学校教科研成果推广内容应立足于本校，并适当引进。要有目的、有重点地推广教科研成果的价值、效果、操作方法、评价等方面信息，以便引起广大教师对研究的注意，产生研究的愿望。

第四，创办校刊、简报，宣传推广教科研成果。校刊和简报是推广学校教科研成果的主阵地，是学校教科研建设的重要内容，也是促进研究型教师群体形成的关键一环。学校校刊创办的定位可以是灵活多样，可创办面向学生的刊物，也可创办面向教师的刊物，校刊可每学期出一二期，内容可设一些固定栏目，如（1）学校教科研活动信息报道；（2）教师课题研究过程中相关论文选登；（3）教师在报刊上发表或在上一级论文评比中获奖的论文选登；（4）本校师生作品选。也可设一些不固定栏目，内容可以是：①外校先进的教育教学经验和教科研成果选登；②上级教育政策法规或学校规章制度选登；③教育教学热点问题探讨等。

最后，参与上级部门的成果评奖或通过报刊发表论文，推广成果。教师教科研成果推广的最好途径是将成果写成论文，通过参与上级部门的成果评奖或投稿发表到报刊上，如果能在省市或国家级刊物上发表论文，则说明其教科研成果推广范围广，其价值也逐级升高。一般认为，教科研课题论文的篇幅较长，要想在各级报刊上发表，除了选准投稿刊物外，更重要的是要对原课题报告的内容进行浓缩，或提取一些有新意的观点。教师撰写教科研论文，要想发表：（1）要有所创新；（2）要围绕教育教学热点问题来写；（3）要注重文章的"简、明、实"。"简"是指文章要写得少而精，围绕中心，可有可无的话不说，可长可短的话少说。"明"就是文章的主题要鲜明，语言要浅显易懂、精炼干脆，要做到曲话直说，暗话明说，使文章具有较强的可读性。"实"就是文章的内容要有实用价值，对读者有真正的启发，使读者有收获，不可面面俱到、大而空。总之，通过报刊发表论文，推广教科研成果是学校教科研建设的重要一环，是提高学校声誉的有效途径，更是教师专业化成长的最佳选择。

专栏 中小学教师从事教育科研的"难"与"易"

在与中小学教师的接触交流过程中，好多教师诉说在教育科研实践活动中自己遇到的困难和麻烦，笔者也有同感。中小学教师开展教育科研，在当前总体教育科研气氛不浓厚的情况下，确实存在诸多困难棘手问题，这是"难"的一面。

教师开展教育科研之"难"，一种情况是教师本人想开展教育科研，得不到应有的理解与支持。这现象表面看是老师和校长之间对学校开展教育科研问题认识的分歧、冲突，事实上，它是学校办学思想和中考、高考指挥棒矛盾的反映。在调查访谈中，一些老师、校长客观认为，不应该把校长当成教师开展教育科研的死对头，要理解校长的难处困境，理解校长的苦衷。具体来说，教育科研活动是求真、求善的教育实践活动，而社会、教育行政部门在考核评价学校业绩的时候往往还是习惯以中考、高考升学率作为评价尺度，把功利目标、显性目标放在第一位；教育科研活动尊重学术自由，拒绝权威和服从，而学校教育教学工作要被动应付各种检查评比，常常受到中考、高考指挥棒的指挥，不容许教师有更多的时间和精力开展教育科研活动。教师教育科研活动在相当一些地方和学校最多只是装饰门面的招牌幌子。

若干年前，有位师范毕业生刚走上工作岗位，怀着对教育的憧憬，激情满怀，决意要在自己的教学中推陈出新，给学生们制造欢乐和惊喜。他根据教育理论，实施愉快教育，寓教于乐，用启发式教学，在教学中穿插游戏，多让学生动手动脑，课堂允许学生自由发言，气氛活跃。课外不给学生布置太多的作业，课堂教学深受学生喜爱欢迎。遗憾的是，学生的考试成绩下来了。有一天，突然被告知，"校长对你的教学有意见。"，这无疑是当头一棒，这位刚走上讲坛的青年教师，来不及真正进行教育科研活动，从事教育科研的热情幻想就被扼杀了。从那以后，这位年青教师的教学方式改变了，唯有羡慕教育改革家魏书生的份了。这位老师的事例，多少有些无奈，但绝不仅仅是个案。

教师开展教育科研之"难"，另一种情况是教师本人不想或者认为不能开展教育科研。相当一部分教师确实承担着繁重的教学教

育任务。备课、写教案、批改作业，个别辅导，大大小小的会议，形形色色的教研活动；班主任的更辛苦，一天到晚忙个不停，工作负担沉重，再也没心思从事教育科研活动了。这些教师把大量的精力和时间用在提高学生成绩和学生的身心健康上，着实可亲可敬。

教师的教育科研活动与教学活动本来并不矛盾，但在现实中实际存在着这种隔阂和冲突，两者之间存在的两张皮现象值得深思。在与教师们的对话中，一些教师认为，这种现象在中小学中具有相当的普遍性，教师教育科研存在"三费一无"的问题，即"费时""费力""费钱"与"无效"。之所以如此，这里面有教师的观念和认识的原因，即一些教师把教育科研看成是专门的科研人员的事，认为搞教育科研高深莫测；或把教育科研看成是游离于教学实际工作之外的事情，没有意识到教育科研有促进教育教学质量提高的可能。

但教师作为教育教学第一线工作者，有着得天独厚的便利条件，每天面对鲜活的课堂和学生，教育教学问题层出不穷、俯拾皆是，这为教育科研提供了永不枯竭的源泉。教师其实几乎每天都在有意识或无意识地进行着教育科研活动，只是许多教师把研究活动的结果体现在课堂教学中而已，而没有想到将每一节课、每一个教育教学案例等总结提升，形成一篇篇有创意的文章，教育科研也就落在实处了。教学和科研不是截然分开的"两张皮"，真正的教学活动有着科研的性质和色彩。有效的教学不是日复一日地简单重复，而是教师自觉学习新的教育成果和理论，充满激情的创造性探索活动，即所谓"教学即研究"。这是教育科研"易"的一面。

——汕头市教育科学研究所　林楚江著

第四章　多媒体课件的设计和开发

掌握新技术，要善于学习，更要善于创新。

——邓小平

光看别人脸色行事，把自己束缚起来的人，就不能突飞猛进，尤其是不可能在科学技术日新月异的年代里生存下去，就会掉队。

——本田宗一郎

教育改革的深入，特别是基础教育新课程改革的实施，对教师的专业发展提出了内在要求，对教师的教育观念和教育行为提出了全面而深刻的挑战。传统的教学技能虽然不会退出教学舞台，但是已经明显看出，在信息化高度发展的今天，现代教师需要掌握新型的教学技能以提高自身的素质和能力。教学课件是信息化教学资源和教学环境综合应用的主要表现形式，也是一种提高教学效率的有效教学手段，正在被越来越广泛地应用于一线教学当中。

第一节　理解多媒体教学课件

课件，教育现代化的一个首要关键词，成为引领教师跨入现代化教学的敲门砖，几乎所有进行现代化教学研究的老师都是从制作和运用课件开始，课件成了一个不可逾越的台阶。那么究竟

什么是课件？这个看来不是问题的问题显然正是一个问题，每个反思着的教师依然对课件的概念会心存疑问，也正所谓仁者见仁，智者见智。

一、多媒体课件的教学性解读

近几年，多媒体教学课件在教学中的应用越来越广泛，但随着"公开课""评优课""课件大赛"等形式与课件相关的教学竞赛活动的推广，"课件"的概念也在大众化的普及浪潮中不断被误读、被简单化。教师更多地被"抢眼"的多媒体性吸引，课件制作中过多地强调了课件的多媒体特性，却忽略了课件的另一个非常重要的本质特性：教学性。下面我们就从教学的系统性角度来看："教学课件是以现代教育理论和学习理论为理论基础，运用多媒体计算机及其相关技术，对教与学的过程和资源进行设计、开发而成的应用资源。"它是基于教学、学习、传播等理论基础和计算机、网络等技术基础，依据教学设计系统思想，针对教学目的和教学环境将文字、声音、图形、图像、动画及视频等多媒体素材融为一体的多媒体计算机辅助教学软件，教学性是其最重要和最本质的特性。

二、多媒体教学课件的特点

首先，课件图文声像并茂，激发学习兴趣。利用多媒体技术的呈现特点多角度地阐述学习内容，学习资料丰富多彩；更容易构建适合学生需求的学习环境，充分发挥学生的主动性，真正体现学生的认知主体的作用。

其次，课件拥有丰富的信息资源，扩大知识的深度和广度。多媒体教学课件提供多种感官的综合刺激，适当的综合刺激不仅有利于知识的获取和保持，而且还大大地扩充了学生的知识面。

第三，超文本结构组织信息，提供多种学习路径。超文本是按照人的联想思维方式组织管理信息的一种先进技术。由于超文本结构信息组织的联想性和非线性符合人类的认知规律，所以多媒体教学课件便于学生进行联想思维。同时，超文本结构的动态性使得学生具有一定的自主性，可以自定步调和路径进行学习。

最后，不存在万能课件。课堂教学的精髓是师生的互动交流、相互影响。无论多么优秀的教育专家和特级教师根据科学的学习理论和丰富的教学经验设计开发的课件，也只能适应于某一特定的教学情境，无法适应千变万化的教学情况，不存在一个固定的教学模式适合所有的学习者。

三、课件常见的几种应用形式

在农村中小学现代远程教育工程中，三种模式下的教学设备使用方式和教学信息传输流程如图4-1、图4-2、图4-3所示，在具体的教学中往往根据设备和资源的不同而选择不同的教学方式。

光盘播放点：

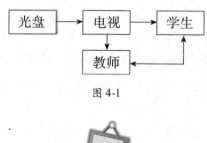

图 4-1

卫星收视：

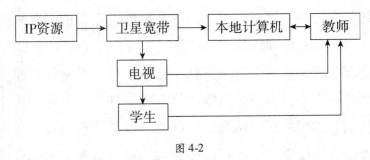

图 4-2

计算机网络教室：

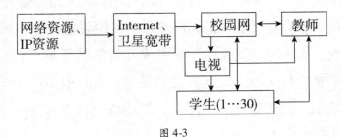

图 4-3

1. 讲授式教学

信息技术环境下的讲授式教学如图 4-2 所示，在该模式下，教师利用教学光盘、资源库、多媒体计算机和网络进行系统授课。教师在教学中仍起主导作用，仍然是教学过程的执行者、组织者和管理者，仍然是学生获取教学内容的主要来源，充分发挥教师的主导作用依然是教学成功的关键。学生接受知识的主要途径还是听课，学生还是处于被动接受的地位上，学生无法决定教学内容和学习目标。在这种教学方式下，学生仍然是学习的主体，但学生在教学过程中被动地位有所变化，教师只是学生获取知识的一种途径，学生还可以从包含大量教学信息的互联网上取得必要的知识，学生的选择性和灵活性更强。

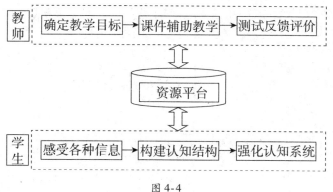

图 4-4

2. 自主发现式教学

以学生自主学习为主，师生充分利用资源进行学习，教师适时对其指导评价，如下图 4-5 所示。

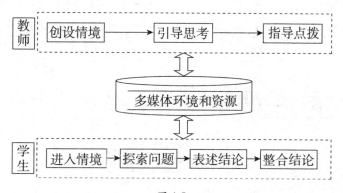

图 4-5

3. 小组协作式教学

教师根据教学重点、难点以及不同的环境、背景提出任务，学生以小组为单位，采用协作学习的形式进行探究，并将其在学习过程中探索发现的信息和学习资料与小组其他成员共享，彼此相互交流，促进共同学习，如图 4-6 所示。

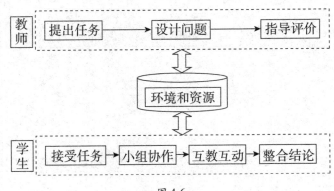

图 4-6

4. 网络探究式教学

网络探究式教学强调学生的主体作用和参与性，学生从多种渠道寻找信息，能对各种资料进行分析、归纳、整理、提炼并从中发现解决问题的方法，能熟练使用各种信息工具，准确表达自己的观点。信息技术环境下网络探究式教学模式如图 4-7 所示。

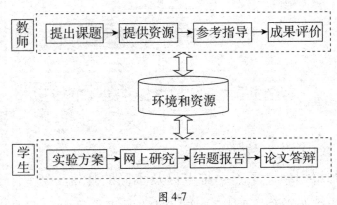

图 4-7

第二节　多媒体课件设计与流程

课件是为教学活动服务的，因而课件设计时时刻刻不能忘记使用课件的目的，不能忘记学生，满足"六个有利"的要求，即有利于开展多种媒体优化组合教学；有利于教师对教学过程的调控；有利于学生的积极参与和学生主体作用的充分发挥；有利于建构新型的教学模式；有利于素质教育和创新教育的进行；有利于多种学习资源的利用和资源共享。譬如制作助教演示型多媒体课件时，需要考虑课件主要用于课堂，使用者是教师和学生，如果课件结构设计太复杂，导航安排不合理，教师在课堂中的操作就比较费时，频繁的切换使得学生不容易跟上老师讲课的节奏，同时也应该考虑教师随时调控课堂的课件开放性设计。

一、课件的开发流程

大型、正规的多媒体教学课件的开发规范流程如图4-8所示，包括：软件设计（概念定义、教学设计、系统设计、脚本设计），软件制作（材料的选取与输入、素材加工制作、集成），软件的测试与修改等。

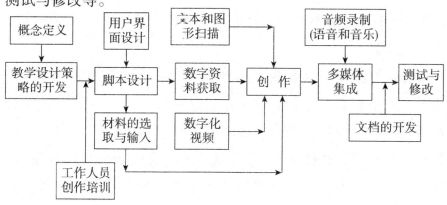

图 4-8

在教学过程中，课件设计与开发的过程就会简化，学科教师通常是课件的制作者，也是课件的使用者，因此课件的设计开发过程，就是课件的设计者把自己对于教学的想法，包括教学目的、内容、教学策略、控制方法等用计算机程序进行描述，经过调试成为可运行的程序。课件设计与开发流程可以简化为简单的流程：教学设计——脚本设计——制作课件——测试修改，否则信息技术与课程的整合只是停留在公开课的层面而深入不到教学实际应用。

二、教学课件系统设计

1. 选题

在教育领域中，无论哪门学科，一般都可以实施多媒体辅助教学，但是对于那些用常规教学方法就能达到教学目的的教学内容，就没有必要使用电视机、计算机等技术来辅助教学，以免造成人力、财力的浪费。相反，课程内容比较抽象，难以理解，教师用语言不易描述，某些规律难以捕捉、需要学习者反复练习的内容等，在实际教学条件允许的情况下都有必要和可以实施计算机辅助教学。

选题的基本原则就是要选择能充分发挥多媒体技术优势，切实优化学和教的过程的题材；选择难以用语言或单一媒体表达清楚的教学重点、难点，且宜用多媒体形式表现的内容；选择具有先进的教育观念的内容。多媒体课件是用来辅助教学的，因此在设计中最根本的目的是如何更好地为教学服务，而不是将课件制作的多么复杂，用什么先进的工具来做。有一些不合适的选题做法，譬如认为 PowerPoint 制作的课件没有用 Autherware 做的课件好，或者多媒体素材越多越好、动画越多越好等，这些都是值得思考的。

选题对课件的教学内容及其提示、教学过程及其控制、学习模式的确定，对课件的设计方法、设计过程和要求都会有很大的影响。

2. 教学设计

多媒体教学课件的教学设计是应用系统论的观点和方法，分析学生特征，确定教学内容与教学目标，选择与设计多媒体信息，建立教学内容知识结构，设计形成性练习与学习评价的过程。

3. 脚本的撰写

脚本的设计是课件开发过程中从面向教学策略的设计到面向计算机软件实现的一个过渡，是沟通课件的构思者和制作者的一个桥梁。如果构思者和制作者是同一人，那么脚本也可以起到辅助教学作用。

多媒体课件的脚本分为文字脚本和制作脚本两方面。文字脚本：是说明多媒体课件教什么、如何教，学什么、如何学的文字，它包括教学目标分析、教学内容和各知识点的取得，学习者特征、课件模式的选择，教学策略的制定、媒体的选择等，一般由学科教师完成。制作脚本：是在文字脚本的基础上，给出课件制作的具体方法，如页面的元素与布局、人机交互、跳转、色彩配置、文字信息的呈现、音乐或音响效果、解说词、动画及视频的要求等。

二、课件结构图

在多媒体课件设计与开发过程中，使用课件结构图安排各种媒体资源，可以使设计者和开发者明确内容和步骤，脉络清晰，尤其是对服务于课堂教学的课件，可以减少教师负担，少走弯路，节省时间。

传统的教学内容，如文字教材（课本）、录音教材、录像教材等，它们的信息组织结构都是线性的，即信息是按单一顺序编排的，比如一本书，各章各节按从前至后装订，读者一页一页从前往后读。随着多媒体计算机技术本身的迅速发展，出现了超文本技术，这种技术将"图、文、声、像"结合在一起，是一种有力的综合表达信息的手段。当前多媒体课件中较常采用的信息组织结构方式归纳为 4 种：

线性结构：学生按顺序地接受信息。从一帧到下一帧，是一个事先设置好的序列。树状结构：学生沿着一个树状分支展开学习活动，该树状结构由教学内容的自然逻辑形成。网状结构：也就是超文本结构，学生在内容单元间自由航行，没有预置路径的约束。复合结构：学生可以在一定范围内自由地航行，但同时受主流信息的线性引导和分层逻辑组织的影响。具体形式如下图4-9所示：

一般情况下，如果学生教师接触计算机时间不长，或刚开始进行多媒体辅助教学，课件采用线性结构，教师每按一次鼠标或键盘，则切换一个教学内容，这种结构的课件操作简单。若师生具有一定的计算机操作能力，就可以考虑用树状、网状或复合结

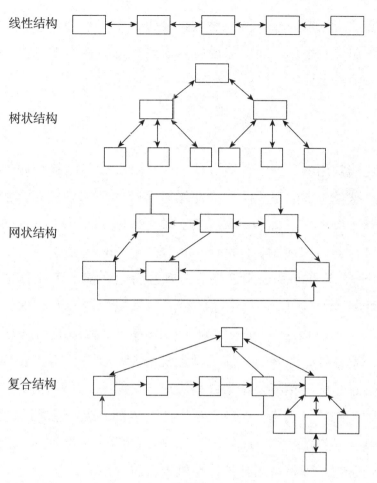

线性结构

树状结构

网状结构

复合结构

图 4-9

构。若教师计算机操作能力强，教学内容又相对复杂，则考虑用
超媒体结构方式。

第三节　多媒体课件的制作

一般说来，在设计完成后，就可以进行多媒体课件的制作了。

制作需要将零散的教学资源素材整合为一个完整的资源，需要一定的资源开发平台，简单地说就是需要一定的技术工具将素材整合为一个集合体。

一、制作工具的选择

比较常用的是，演示型课件、交互型课件和网络型课件制作工具。这类工具的基于图标的使用对教师的要求比较高，常用工具有基于图标的 Authorware，基于时间轴的 Flash 和 Director，基于幻灯片的金山演示、PowerPoint，永中 Office，基于网页的 Dreamweaver、FrontPage……这些工具各具特色，前三者制作的课件交互性强，尤其是 Flash 课件已经成为最主要的交互型课件的制作工具；金山演示、PowerPoint，永中 Office 制作的课件精美绝伦，逻辑性强，尤其适合演示型课件的制作。后两者制作的网页课件通过超级链接将各种素材和认知工具编织于超媒体网络之中，符合学生的认知规律，适应于学生自主学习，越来越受到欢迎。

其次，"编程型"课件制作工具。这类课件对教师的要求很高，通常情况下是运用某种计算机语言编程语言，如 VB、JAVA、ASP、Javascript 和 VBScript 等作为课件开发工具，这类工具制作的课件交互性强，但是掌握起来难度很大。

还有一些是，"辅助教学演示"平台或工具，有些学科概念相当抽象，借助一些形象的工具，可以把抽象的概念变成形象的实例，帮助学生快速、深刻地理解概念，如几何画板、Z＋Z 智能教育平台等等。

二、多媒体课件制作要求

目前对多媒体课件制作标准的表述有很多，各种机构根据不同的侧重点提出了具体的要求，综合来看，可以从4个方面来衡量：其一，教育性，包括直观性、趣味性、新颖性、启发性、针对性、创新性。其二，科学，包括描述概念的科学性、问题表述的准确性、引用资料的正确性、认识逻辑的合理性。其三，技术性，包括交互性、稳定性、易操作性、可移植性、易维护性、合理性、多媒体效果等方面。其四，艺术性，包括画面艺术、语言文字、声音效果等。

三、制作注意事项

第一，多媒体课件只是作为一种手段而非目的，多媒体课件只能"辅助"教学，而不能完全"代替"教学。

若将整堂课的内容全部打进电脑里，使多媒体课件变成了教案的翻版，教师成了程序的操作者，那么就缺少了师生之间的学习交互作用和情感交流，这不是成功的多媒体课件。在多媒体制作过程中要找准最佳作用点和最佳作用时机，讲究使用的方式和效果。在设计教学重点和难点时，教师确定的思维启发和学生被启发而出现的求知兴奋时刻，是运用多媒体的最佳时机；教学确定的教学解疑点和学生出现心理障碍的时刻，也是运用多媒体的最佳时机。

第二，多媒体课件要走向模块化、集成化、系列化，以便教学资源共享。

一般来说，授课教师以个人思路、风格开发的一堂课的"课时软件"只适用于专用，他人照搬可能不大适应其风格。我们可以将一些实验、反应、原理、分析、例题等分别制成独立的软件模块，按教材分类后形成可选性的集成软件，今后还可不断补充完善。各学科又以整体教材为主线，将集成软件汇成学科系列。不以课时为单元，而以独立内容为单元，可增强软件的可选性、通用性，使软件真正成为人人可选可用的教学资源。

第三，合理的选择使用多媒体课件，避免无谓劳动。

如果投影片、录像、电影、录音等其他声像媒体能够很好地完成教学任务，就没有必要非用多媒体课件。如几句话就能讲清楚的教学内容硬要利用多媒体课件教学，或者为了"装饰"课堂，用与教学内容没有十分密切关系的软件都是不恰当的。只有一堂课的内容用传统的教学模式不能有效地突破教学难点，不能引起学生兴趣，收不到较好的教学效果时，才考虑设计和使用相应的多媒体课件。

第四，应把课件开发作为一项集体教研活动，而不是少数几个人的闭门造车。

在多媒体课件制作过程中，学科教师、电脑教师、电教教师应三结合，这样一方面学科教师不仅掌握了计算机操作、多媒体创作工具的使用，而且加深了对教材的理解。二是能够增强团结协作，沟通不同学科的联系，体现了精神文明，体现了教学科研的集体力量。

第五，多媒体课件的调试完成后要反复调适。

多媒体课件初稿制作好后，我们要从教师角度、学生角度，从教学重难点出发，联系效果，进行反复的调试，达到完美的境界。

专栏 多媒体课件设计制作"三要"与"三忌"

计算机辅助教学作为一种先进的教学手段，以其直观性、灵活性、实时性、立体化的优势，越来越受到广大教师和学生的青睐。要想运用好计算机辅助教学这一现代化的教学手段，其关键是要设计和制作出符合教学要求的多媒体课件。在课件的设计和制作中，必须注意以下几个问题，才能充分发挥现代化教育手段的优势，大幅度提高课堂教学质量。

一、课件制作"三要"

一要选题恰当。制作一个多媒体课件首先要选好课题，因为并非所有的教学内容都适合或都需要运用多媒体技术。课题若选择不当，就会出现喧宾夺主、画蛇添足的现象。多媒体课件题材的选取，要从教学实际出发，结合学科特点，根据教学内容来确定。要把握好以下几个原则：

1. 需要性原则。要确保所选课题是当前教学或学生学习所急需的，这样制作的课件才会有的放矢。要做到这一点，必须熟悉教学内容、教学媒体，了解学生心理，使你所制作的课件在教学中发挥的作用是其他手段所达不到的，并对突破教学中的难点、重点有明显的作用。例如汽车各组成部分工作原理和结构，利用挂图讲解，缺乏动作感和立体感，也不够直观，利用实物又看不到其内部构造及工作过程，若采用三维动画制作，剖析其内部结构，控制其演示过程，则可大大地提高教学的直观性，并有一种

真实感，便于学生理解和记忆，既有助于突破教学难点，又不断激发学生的兴趣，从而实现常规教学无法达到的效果。

2. 科学性原则。课件所展示的内容，是教师教学思想的具体体现。因而在选题时一定要符合教育规律，体现现代先进的教育思想。首先，选题必须符合现行教学大纲和教材，决不能另搞一套。其次，选题的确定必须以先进的教育理论做指导，以学生为教学活动的主体，要符合认知心理学的原理。要在基于现行教材、准确反映教材内容的基础上，扩大其知识面，将最新的科学研究成果在课件中反映出来，从而把最新的信息传递给学生。使课件既高于教材，又不脱离教材，并且能深入浅出。再有，要体现计算机交互性的优势，突破传统教学模式的束缚。

3. 创新性原则。选题应有创新性，不要老是选择陈旧的课题。创新表现在多方面。例如概念和理论的创新，创作手法上的创新，技术手段的创新，以及教学模式和学习模式的创新。总之，在选题时，对于含有较多创新成分的课题应优先考虑，要避免利用课件做"黑板搬家""书本搬家"的工作。

二要搞好创意设计。一个优秀的多媒体教学课件应该是不仅能够全面表达教学内容，而且富有较好的创意性。也就是说，课件应该是对原有教材内容的再创造，不仅能使学生对所学内容留下深刻印象，而且更能激发学生的创新思维。这就要求制作课件时，首先要根据所选课题认真分析知识的结构（包括教学目标的分析，教学内容和知识点的确定与分类，学习者特征的分析等），依据先进的教育科学理论和教学设计思想，选择最佳教学过程设计（包括学习模式的选择，学习环境与情境创设、教学策略的制订，以及媒体的选择与设计等），即教学实施方法和手段。其次，教师要真正摆脱教材的传统模式，选择最佳的教学方案，精心地设计多媒体画面，巧妙地安排展示时间，并通过造情设境、设置悬念等手法，艺术地将所要讲述的内容形象具体、生动活泼地表现出来，使所展示的内容能够产生较强的艺术感染力，突破教学的时空局限，以开阔视野，使学生能置身于情景交融的课堂教学氛围之中，从而激发学生丰富的想象力和创新思维，调动学生的学习积极性及对本课程教学内容的浓厚兴趣。

三要重视课件的页面设计。一个好的课件应该使学习者感觉新颖、印象深刻、生动有趣、简单好用，这主要是靠课件的页面设计来实现的。良好的页面设计对激发学生使用课件的积极性和有效地与计算机交换信息都有着十分重要的作用。课件设计者在进行页面设计时，对页面上出现的各种信息（文本、图形、图像、动画）以及声音应作出既符合教材要求，又突出多媒体特征的布局。为此，下面几方面是进行页面设计时应着重考虑的：

第一，为了突出重点，便于发挥人机交互的作用，把教学内容放在屏幕最显著的位置，而把操作信息放在屏幕的最下一行。

第二，为了突出重点，屏幕上通常一次只呈现一个概念，然后清屏。每次清屏时，都应设置一个"继续"按钮，便于学习者自己控制进度。

第三，屏幕上应充分显示有关下一步操作的指示信息并为屏幕按钮提供必要的使用说明。

第四，为使课件在整体上保持风格的统一，整个课件通常采用一个背景，只是在某些细部为说明某一特定概念而采用不同的

背景。背景亦采用中间色，以便于与其他颜色搭配。这样学生看屏幕感觉自然，注意力放在屏幕教学内容上而不是分散注意力去看屏幕各种花样。

二、课件制作"三忌"

课件制作的样式可以多种多样、丰富多彩，但应防止出现以下情况：

一忌课件制作穿新鞋走老路。现代教学信息理论认为，课堂教学的实质是教师与学生、学生与学生、学生与教材、学生与媒体之间进行的信息交换与传递的过程，是上述诸方面共同组成一个动态系统。这就要求课件的设计制作者必须从新的角度去研究和探索课件的开发，通过富有创意的教学策略、教学方法，来激发学生的无限遐想和创新思维，为学生营造一个创新思维和创新能力的发展空间。但实际情况是，目前有不少教师制作的教学课件，不分青红皂白、不分重点难点就将整节课的教案或黑板都搬进课件，很少顾及到学生的认知基础和学习规律。学生只能跟着教师或课件的思路走，而没有自己积极参与教学过程和思考问题的时间，穿新鞋走老路，使新的技术仍陷在传统教学的旧框架中，失去了运用现代化教学设备的意义。有些课件特别是许多应用型的课件，大都有引论、讲授、练习、小结等教师主讲的内容，却忽略了留给学生积极参与的空间。

二忌华而不实，花里胡哨。课件需要借助一定的艺术形式，但不能单纯地为艺术而艺术，仅仅停留于做表面文章。有的教师为了哗众取宠，达到烘托课堂气氛的效果，往往文字、图像、声音并用，甚至插入一些与表现内容风马牛不相及的图片，使学生只顾看新奇而忘记所要表现的实质问题，分散注意力，不但达不到应有的效果；反而由于内容安排过多过杂，引起学习者视觉上的不适应，产生心里烦躁。有的人片面地强调课件要声音图像并重，并将其作为评价课件优劣的标准，就更不可取了。不同的教学内容自然应该采取不同的表现形式，不可一概而论。只有充实的内容与完美的外在形式的有机结合，才能真正达到传授知识、调动学生积极性、改善教学环境的目的。

三忌课件的设计制作与常规知识体系相悖。声音的输出，必须是普通话；正文文字的使用必须是简化字；色彩的使用要符合人们的认同，如红色表示"停止"，绿色表示"开始"等。课件内容要符合科学性，符合教学要求，要确保知识的正确无误。

总之，一个优秀的课件应该以充分发挥学生的潜能，促进学生更好地学习，强化教学效果，提高教学质量为中心。教师应该不断积累经验，努力探索制作技巧，制作出更多图文并茂、形声俱佳的优秀课件，努力获得最佳的教学效果。

——教育城网

第五章　在反思中前行

懒于思索，不愿意钻研和深入理解，自满或满足于微不足道的知识，都是智力贫乏的原因。这种贫乏用一个词来称呼，就是"愚蠢"。

——高尔基

不下决心培养思考习惯的人，便失去了生活中最大的乐趣。

——爱迪生

第一节　对"反思"的实质解读

反思能力是教师应具有的教育能力素质。就"反思能力"而言，其核心概念是"反思"。

西方哲学中，反思通常指精神的自我活动与内省的方法。也就是说，反思原本是一个哲学认识论名词。英国哲学家洛克认为，认识一方面是由外界事物作用于我们感官而引起的感觉所形成的，另一方面是由对我们的心灵活动的观察所形成的。德国哲学家黑格尔把反思理解为间接的知识，即事物本质的反映。法国哲学家笛卡尔说，"我思故我在"。否定"我思"，就是"反思"。"反思"发展到现在，已经成为一种普遍的思维方式。由是，当代学者周德义对"反思"概念作了如下界定：反思是对思维的思维。

反思是一个内在否定的认识过程，反思是一种辩证的思维方式，反思是一种具有创新意义的理想境界，反思是过渡并到达真理的桥梁。

中国哲学历来是充满着反思精神的，所谓"扪心自问""反躬自省""反求诸己""举一反三""三思而行"等，都包含着深刻的反思成分。中国古代哲学家曾子说"吾日三省吾身"，把反思作为自己修行的主要方式。现代人如何对现有的感性、知性知识加以辩证反思，以期获得理性的认识和理解，并促使其鲜活起来呢？那就必须知会反思的特点，必须经过对感性、知性知识的去伪存真、去粗存精、由表及里、由浅入深的与时俱进的过程，以此才能揭示它们的内在本质和必然性。因此，学会反思，既是面对新背景、新变化，适应新形势、新情况，运用新思维、新办法，解决新矛盾、新问题的客观需要，也是实现以人为本，构建学习型社会的必然要求，又是不断推进理论创新，提高认识和思辨能力，实现理论与实践相统一的基础和前提。

关于反思的层次。人们对于事物的认识有感性认识、知性认识和理性认识这几个阶段。只有当思维超越了感性物质世界上升到更高的层面达到普遍性时，人们才能进入到反思的思维层次。但是，以感觉性作为思维对象的反思（称为感性反思），因为尚未完全摆脱外在客观性，没有把反思本身作为思维的对象，因此说这种反思尚属于初级阶段或低级水平。当思维以经验事实和知识作为对象进行思维时，这种思维就属于中级阶段或水平的知性反思。知性反思是对感性思维的超越；只有完全摆脱感官和直接经验的影响而作纯粹的抽象思维时，人们才进入到高级阶段的理

第五章 在反思中前行

91

性反思。理性反思既是感性反思和知性反思二者的统一，也是对二者的内在否定和超越。故而，反思是理性的，感性反思不是真正意义上的反思。一般认为，反思活动是从知性开始的。知性是最初阶段的反思和最低级阶段的理性。因为知性反思活动常常是从感性思维的意义入手的，或者说是把感性思维作为对象进行反思的。也因为反思的本质是思维，所以在更为广阔的意义上，我们也把感性思维称之为反思。

由此，反思具有层次性，它是从对感性世界的反思中，通过知性反思环节，逐步地走向理性反思的。三者的关系是递进的，前者是后者的基础，也是后者必不可少的环节；而后者是前者发展的内在超越和必然性。只有理性反思才是真正的具有真理意义的辩证反思；达到理性反思阶段，才能实现理性认识与客观实在的统一，才能深化甚至升华认识，并且经过实践的外化作用，使主体反思的成果显现出来。

关于反思的特点。一般说来，反思具有换位性思维、规律性思维和整体性思维的特点。所谓换位性思维，就是换个角度、换个角色思考问题。当"我"（主体）在思考问题时，不仅仅站在自己（主体）的位置上，还要站在服务对象（客体）和第三者（裁判）的位置上来思考问题。中国传统文化中推己及人的思维方式，即孔子倡导的"己所不欲，勿施于人"等，就是换位思维的基础和标准。所谓规律性思维，就是反思要遵循规律性原则。规律性就是人们已经认识和掌握的客观性，或者事物内在发展的必然性。规律具有固有性和不可以创造，不可以消灭，不可以改变，可以认识与利用的特性。所谓整体性思维，就是指反思具有全面性、综合性的特点。整体是有机的，反思的整体性是辩证的综合统一的过程。从另一个角度说，换位性思维、规律性思维和整体性思维，又是反思的三种方法。

关于反思对教育的启示。教育需要反思。健康而理性地反思教育教学实践，其作用不仅在于唤醒教师被程式化生活所麻木的意识，使之重新审视自己的认识理念、知识框架和行为模式，而且通过反思自我的行动，为专业知识和实践提供鲜活的内容，并有效改善心智模式，实现作为教师的价值。美国教育家费尔教授认为，教师应从固定僵化的程序和大量偶然的事件中解放出来，获得"教育的自由"。而要获得解放，达到自由的教育境界，就必须以教育者的"自我反思"为前提。时下，许多教师被日常具体的甚至与教育不相干的繁琐事务所缠绕，没有系统地梳理和审视过自己的教育观念和教学行为，以致对工作持"不证自明""日用不知"的态度，对自己的职业只知其然而不知其所以然，对教育的本质、教育对象、教育的方法与过程缺乏洞悉，对自己的知识结构、教育能力、教育绩效不能做出正确的评价。尤其面对当前新的课程改革，很多教师茫然而不知所措，不知道该做什么，能做什么，做得怎样，应该怎样应对改革并转换角色等。无疑，对教育教学问题进行追问、探究，强化反思意识，提高反思能力，提升工作水平和境界，将成为教学改革的主导，成为教师专业化发展的关键。

第二节　反思——教师成长的必经之路

什么是教师的反思？陕西师大张立昌教授的解释是，教师在

教育教学实践中，以自我行为表现及其行为之依据的"异位"解析和修正，进而不断提高自身教育教学效能和素养的过程。而基于"人类的生活世界可简约地划分为外在于心的物质世界和内在于心的精神世界"这一命题，我们可以把教师的反思界定为：教师基于探究外部教育实践活动的经验来追寻教育本质和意义的内心活动。通过这一活动，引领教师用先进的理念审视和洞照自我的教育思想和行为，改善心智模式，提升教育情怀和工作境界，使自己更加深刻地理解教育的真谛，理解自身工作的价值和意义，从而在反思中滋养自尊，在自尊中树立自信，在自信中打造自能。

一、反思能强化教师的责任感，提高教师的自尊和自信

教师的反思，不仅是自我唤醒自我，更多的是在反思中提升自己的教育情怀，去关怀教育生命的成长与发展。这种"关怀"，既表现为对学生的关怀，也表现为对自己的关怀。其一，反思，使得教师充分承载起教育者的责任，关注和关心学生的发展。人们说，"教育本质上是一个人道主义的事业"。努力领悟教育的本质，并把这种领悟转化为一种高尚的人道主义精神，一种责任感，一种自发自为的工作热情，一种对工作精益求精的态度，去关怀学生生命潜能的开发，这是反思型教师所努力追求和践行的。其二，反思，也使得教师在"育人"的同时注重"育己"，注重关心自己的成长和自我的完善。反思，使得教师有较强的主体意识，比较自尊自信，对教育工作充满挚爱，不懈追求教育的生命意义；反思，能激活教师的思维，改善生存方式，激发生命活力，提升内在生命价值，使其把教育活动当作一种事业，一个值得倾注智

慧、情感、精力并融入其中的生命过程,从而为之殚精竭虑,以生命之光烛照学生心灵,并为生命的自我价值得到体现和圆满而感到满足与自豪。因此,他们总爱不断地思考自己做得是否还好,是否可以做得更好?

二、反思能改善和丰富教师的实践性知识

单就教师的知识结构而言,教师反思的意义在于它着眼于知识结构中的实践性知识的获得、拥有和改善,反对和批判传统教师培训模式中只注重对教师的一般性知识的传授,如对公共知识、专业知识(所谓本体性知识)、教育学、心理学知识(所谓条件性知识)的占有和相应学历的提高。而已有的研究表明,"教师的本体性知识与学生的成绩之间几乎不存在统计上的关系……并非本体性知识越多越好"。同时,条件性知识也只有在具体的实践情境中才能发挥功效。对教师的教育教学效能提高,更为重要的是实践性知识,即"教师在面临实现有目的行为中所具有的课堂情境知识及与之相关的知识"。[①] 而这类知识的获得,因为其特有的个体性、情境性、开放性和探索性特征,教师只有通过自我实践的反思和训练才能得到和确认,靠他人的给予似乎是不可能的。诚如考尔德希德所言,"成功的有效率的教师倾向于主动地创造性地反思他们事业中的重要事情,包括他们的教育目的、课堂环境,以及他们自己的职业能力""反思被广泛地看作教师职

---

① 《教师素质的构成及其培养途径》,林崇德等,载《中小学教师培训》(中学版),1998 年第 1 期。

业发展的决定性因素"。因此，美国心理学家波斯纳提出了教师成长的公式：成长＝经验＋反思。相反，如果一个教师仅仅满足于获得经验而不对经验进行深入的思考，那么，即使是有"20 年的教学经验，也许只是一年工作的 20 次重复；除非……善于从经验反思中吸取教训，否则就不可能有什么改进"。① 不善反思的教师，永远只能停留在已有的水准上，甚至知识与能力只退不进。

三、反思为教师教育能力的持续发展提供可能

上海教育科学研究院副院长顾泠沅教授说过："反思三年成名师"。反思主要是一种个人的内省或内"醒"行为，需要个人的自觉、自为。当这种自觉、自为成为一种行为习惯后，不需要外部施加影响就能使一种理想的行为得以持续。反思的本质是一种理解与实践之间的对话，是两者之间对接的桥梁，又是理想自我与现实自我的心灵交互沟通。显然，反思不是一般意义上的"反思""回顾"，而是教师对教育活动进行评判、审思、扬弃、改进和提高的一种思维活动。当教师以"思考"的目光审视校园，以"反思"的襟怀走进课堂时，以"探究"的姿态从事工作，教师无疑就具有了"研究者"的特质。教师只有成为研究者，才具有促进自我发展的条件和机会。可以说，反思是教师终身学习的原动力，是教师开展教育科研的起点，是教师专业发展和自我成长的核心因素。

---

① 《怎样成为优秀教师》，王深译，载《国外教育动态》，1983 年第 1 期。

四、反思能提升教师的专业品质和工作境界

马克思主义哲学关于人的发展学说认为：人总是要遵循着"实践—思考—实践"的规律成长发展的。教师只有从实践中不断总结经验，汲取教训，认清不足，改进教学，自我提高和自我发展，才能促进教育教学改革、创新与发展。因而，教学反思不再是一般性的回想教学情况，而是"健康"地怀疑和探究教学实践中存在的问题，不仅仅是"检查错误"，还包括"总结经验"，不只是检视已经完成的教学过程，而设计和筹划新的教育教学方案也是反思，它要求教师对为何教、教什么、怎么教、教得怎样、以后怎么教、教学与哪些因素有关及这些因素间有何联系等问题，有清晰而准确的认识。所以，反思是教师匡正失误和不足，提升现有经验，将有效经验升华为智慧与方法，清除不良的无效经验的好方法。尤其与操作性教学比（教师凭自己有限的经验进行简单重复的教学实践），反思可以促进教师发现新问题，提高教育教学行为的理性程度，在不断改革的过程中提升教学的品味和境界，从而使教学工作彰显人格魅力、智慧魅力和能力魅力。

第三节　教育探索从反思开始

一、通过观念更新，培植和提升反思意识

要做到反思意识的觉醒、反思精神的高扬和反思能力的增强，

与时俱进、更新观念是前提（其实，观念的更新和反思能力的提升是互为前提、相互促进的）。

一是更新教育观。有事业心的教师，应以更宽广的视界、博大的心胸、开放的思维去理解学生，实践教育的本真，而不是功利性、短期性地应付自己的工作。教师应牢固树立"育人为本"的观念，树立"应该创造适合学生的教育，而非停留于选拔适合教育的学生"的理念。

二是更新教学观。传统的教学只是一种"告诉"活动，而新的时代背景和教育背景下的教学，是一个熏陶情感、塑造人格、张扬个性、解放思维的过程。教，是为了教会学生学会学习、学会创造；学，不是他主的、被动性的，而应是主体性、能动性、独立性不断生成和成长的过程。

三是更新师生观。传统教师的角色，强调自身权威而忽略了学生的人格与生命尊严，忽视了与学生的互动互助、平等合作关系，强调教师劳动的传递性而漠视教育学生的创造性。新的教育理念要求教师重建人道的、民主的、和谐的师生关系，让学生体验到尊重、信任、友善、理解与宽容，同时受到激励、鞭策、鼓舞、感化、指导和建议，形成积极的人生态度和丰富的情感体验。激励学生树立学习目标和人生理想，促进其人格不断成长与成熟，才是教师角色的价值所在。

四是更新学生观。学生是具有无限发展潜能的主动、能动的个体，教师一旦切实认识到"人才多样化，人人能成才"，将会对学生尤其是后进生的期望值大大增加，对于"成功"的诠释也将更为广义。

二、在自我检视中建立良好的反思习惯和品质

反思，涉及一系列相应的态度、德性，甚或习惯。教师完成整个教学任务，实现教育目标，需要以理性态度和科学方法去深刻理解角色的特质和工作的实质，并在此基础上吸纳理念、刷新观念、更新知识、打造能力，并对自己已有行为和习惯进行刻意的审视和考察，筛选并保持好的行为习惯，淘汰和改造坏的行为习惯。达于此，教师才会认真地检讨反思自己的教学过程是否表现了公正的品质、豁达的胸怀、丰富的情愫，以及敏锐的判断力和丰富的想象力，是否有耐心、亲切感和幽默感等等。通过自我检视，反思自我，使得教师在诸多良好习惯、品质和风格的形成中表现出与显现着教育智慧的素质。

三、在与专家的"对话"中提升反思能力

现实的中国教育领域，既涌现出了许多颇有建树的教育理论家，又涌现出了一批卓有成就的教育实践家。教师研读先进的教育理论，与专家进行文本对话，即是与专家的情感、精神进行交流，思维进行碰撞，并在这种文本对话中升华自我的意识、思想与工作境界。因为教育实践家的教学思想、策略和方法，也是极具理论蕴涵的，尤其是他们的成长过程，呈现出自我反思的价值和意义，展现了一个专家型教师的理论素养和实践智慧。一项调查发现，专家型教师时刻对自己的教育教学表现出审慎的态度、品格和习惯，他们习惯于以开放的姿态，善于把他人成功的因素嫁接到自我经验的相应部位。如果教师也用自己的同类经验与之

对话，进而联系起来加以比鉴，便获得了增长必要知识和能力的某种性格与素质。无疑，对专家型教师的典型剖析，对其实践理论的学习研究，通过这种文本对话使得教师在比照自我思想和行为的同时，提高了反思能力和实践能力。

四、在"反思性教学"实践中打造反思能力

所谓"反思性教学"，是指教师在先进理念的统领下，借助行动研究，通过回顾思考、分析评价教学经历和经验，探究和解决教学实践中的问题，将"会教"与"会学"结合起来，改进教与学的思想和行为，提升教师专业素质、提高教学质量、促进学生进步的过程。一般说来，反思性教学有以下几个重要活动载体：

1. 自我质疑

自我质疑即自我探求问题，即教师对自己的教学进行自我观察、自我监控、自我评价后提出一系列的问题。这种方法适用于教学的全过程。问题与反思同在，质疑是否有意义、是否有成效，关键在于反思。问题的水平决定了反思的水平。教师要把握教学实践中那些真问题、那些有益的（包括实践意义、理论意义、方法论意义）问题，并在对问题的探索求证中促进自身反思能力的提高。

2. 教学诊断

科学、有效的教学诊断可以帮助教师减少遗憾。教师从教学问题的研究入手，通过自我反省与同伴"头脑风暴"的方法，收集各种教学"病历"，然后归类分析，找出典型"病症"，针灸"病理"，重点讨论影响教学效能的各种教学观念和因素，最后提

出解决问题的对策。

3. 交流研讨

反思，不只是个体行为，团队反思更有利于个体的成长。与同伴展开的"头脑风暴"法，即是团队反思的表现。教师间开诚布公的研讨交流，开放性的对话，思想的互动，能够促进教师个体更有效地进行反思，从而促进教师实践智慧的生成与增长。

4. 观摩分析

观摩优秀教师的课例，分析其操作全程或局部典型细节，由此设想自己如何操作更理性、更智慧、更有效，通过这种反思分析，比照彼此短长，就会从他人的教学中得到启发，受到教益。

5. 总结记录

一节课结束或一天的教学任务完成后，执教者静下心来细细想想：这节课总体设计是否恰当，教学环节是否合理，讲授内容是否清晰，教学手段的运用是否充分，重点、难点是否突出；学生质疑问难的水平如何，课堂情绪怎样，教与学还有什么困惑，等等。把这些逐一反思梳理，然后有重点地记录下来，就成为今后教学可资借鉴的经验资源。

五、在质的研究中提高反思能力

"质的研究"作为一种研究方法，是指以研究者本人作为研究工具，凭借自身的洞察力在与被研究者的互动中理解和解释其行为和意义建构，整个研究过程力图在自然情境下以多种方法收集资料为途径进行，最终使用归纳法分析资料，形成理论或是描述和呈现出一个情境，达到对教育问题进行整体性探究的一种研

究活动①。工作和生活在具体的教学和管理实践中的教师，每天都接触着教学同仁，面对着许多面貌不同、个性迥异的学生，理应沉浸于教育情境中开展反思性研究，而只有这种研究才会始终贯穿着学习、反思和提高的循环。一般说来，质的研究主要有 3 种表现形式：

1. 行动研究

教师的研究和探究过程能丰富反思性实践，而反思伴随着行动研究的全过程。行动研究与教育教学的具体实践息息相关，它针对实际教育教学活动，不断提出改革意见或方案，是行动的指南；教育教学的运行过程中又不断呈现新的问题，使教师不断得到启示，从而充实或修正方案，提出新的具体目标，因此行动又是研究的向导。教师应养成从自身的实际工作中去发现问题的习惯，要敢于质疑，善于提问，并将问题作为教育教学行动研究的课题去研究。

2. 个案研究

这是针对一个个例（可以是个人、机构、团体，也可以是事件）作缜密的研究。在教育教学案例研究中，教师首先要了解当前教育教学的大背景，在此基础上通过观察、调查和访谈等收集典型的案例，然后对案例作多角度、全方位的解读。教师既可以对教育教学行为作出技术分析，也可以围绕教育教学案例中体现的教育策略、教学理念进行研讨，还可以就其中涉及的理论问题进行阐释。在对典型案例进行剖析，对照个案检视、反思自身教

---

① 《质的研究指导》，白芸，教育科学出版社，2002。

育教学行为的基础上，根据学生反馈的信息，并从学生的需要出发，及时调整自己的教育教学。

3. 叙事研究

叙事研究，就是研究人类体验世界的方式。罗宾逊和霍普认为，"叙述思考是一个发现的历程"。教育叙事研究，就是把教师日常的教育教学经验组织成有价值结构的事件，通过叙述这一事件发生、发展、解决的整个过程并分析因果，来阐述自己教育理念的研究方法。其显著特点是，教师通过自我反思将教育实践与教育研究有机地链接起来。它要求教师以研究者的心态面对教学情境，对各种各样的问题保持一份职业敏感；以反思者的眼光审视、分析、探究教育实践的各种现实问题，经常对自身教育行为进行追问。这种致力于解决实际教育问题的行动研究，不仅能使教师跳出传统教育研究的误区，而且为"引导每一位教师走上从事研究的这条幸福路上来"（苏霍姆林斯基语）奠定了基础。

六、通过反思性写作锻造和提高反思能力

写作即研究。写作是一个深入反思并系统表达思想的过程。如撰写教育故事，让教师把自己作为研究对象，研究自己的教育观念和教学实践，反思自己的教育教学实践、行为和效果，从而提升工作境界和水平。再如撰写教后记，优秀教师在"教后"对"教中"进行反思后撰写"教后记"，以此梳理课堂经历，梳理操作思路，修正失误，总结经验，就会明确后续教学的工作路向，减少不良表现的出现。当然，随着教师经验的逐步积累和丰富，已有反思习惯的教师，在教育教学过程中会随时对自己的实践进

行有效地监控和调节，这正是反思型、专家型教师成长的途径和标志。

另外，培养和提升教师的反思能力，除了教师自身的努力外，学校也要注意营造有利于教师自我反思的文化环境，培养教师强烈的责任感和良好的意志品质，使之具有自觉反思的意愿和动力。这是其一；其二，学校要充分重视教师时间资源的挖掘和利用，尽量避免用无效劳动侵占教师的有限时间，要利用现代化手段提高时间资源的利用效率。其三，大力支持教师将反思的成果付诸实践，让教师在反思中行动，在行动中提高。由此，学校外力与教师内力相互激励，形成联动，将使反思能力真正内化并外显为教师的教育能力素质。

专栏　学生代写作业，教师当反思

据《珠江晚报》报道，部分学生为完成暑假作业，采取了很多新的手段，"不会做的题，上网搜啊，百度、谷歌都有！"还有些学生间互相抄袭，利用QQ传送答案。

过多、过难、过重的作业常常让学生轻松不起来，于是很多孩子往往应付了事，甚至抄袭别人的"成果"，更有甚者，一些地方出现了"代写作业"的现象。在我看来，出现这些情况，老师应该先反思。如果学生的作业量少一些，作业形式多一些，学生能互相抄袭作业吗？

另一方面，改革布置作业形式，给学生多一些实践性作业。眼下，一些学生对所谓的另类作业非常欢迎，如收集春联、摘录电视上看到的新闻事件、写观察日记、进行社会调查等。如果让学生利用假期从繁重的课业负担中走出来，给学生多布置一些这样的作业，让学生走进社会，参加社会实践活动，体验生活，从中发现真知，感悟实践本质，从中获得乐趣。

再者，教师对学生所做的假期作业检查得认真一些，而不是对学生的作业不管不问，或者只看数量不顾质量。不仅要求学生能够完成作业，而且有质的要求，如对学生作业完成情况进行评价，学生自然会把作业放在心上，而不是应付了事。

学生为了完成作业而表现出来的种种怪现象，病根正在教育者身上，作为教育者当反思，让教育变得有趣些，有味些，让学生体会到学习是有趣、有习的，而非是件苦差事。

——中国台州网

第六章　别把创新教育当奢侈品

创新是一个民族进步的灵魂，是国家兴旺发达的不竭动力。

——江泽民

中国教育之通病是教用脑的人不用手，不教用手的人用脑，所以一无所能。中国教育革命的对策是手脑联盟，结果是手与脑的力量都可以大到不可思议。

——陶行知

教育的任务之一是启发学生的创新意识，而创新意识最基本的要素是质疑和独立思考。培养学生质疑和独立思考的习惯，不单是高等学校的职责，基础教育所起的作用甚至更为重要。随着中国向创新型国家迈进，眼下，高等院校尤其重点大学都越来越重视创新教育，中小学生创新能力的培养也开始受到关注，大家正探索创新教育的各种形式。

创新是一个民族进步的灵魂，是素质教育的着眼点。而要实施素质教育，培养学生创新意识、创新精神和创新能力，关键是要建设一支高素质的、创新型的教师队伍。

第一节　创新教育能力与创造型教师

一、创新教育的含义

就一般意义上说，创新是淘汰旧的东西，创造新的东西，它是一切事物向前发展的根本动力，是事物内部新的进步因素通过矛盾斗争战胜旧的落后因素，最终发展成为新事物的过程。更具体地说，创新是创造与革新的合称。它具有：新颖性（即不墨守成规，前所未有）、独特性（即不同凡俗、独出心裁）、价值性（即对社会或个人的价值大小进步意义）。综合起来最根本的特征就是一个"新"字，没有"新意"，也就无所谓创新。

创新教育也称创造教育。广义的创新教育指对人的创造力的影响、开发、培育活动，主要是创造技法和创造性思维的训练。狭义的创新教育是指在学校教育中，对学生的创造品质和创造性思维能力的培养。

二、创新教育能力的结构

能力是符合活动要求影响活动效率的个性心理特征的综合，教育能力是符合教育活动要求影响教育活动效率的个性心理特征的综合；创新教育能力是符合创新教育活动要求影响创新教育效率的个性特征的综合。创新教育能力包括两个层次：即一般性创新能力和特殊性创新能力。一般性创新能力包括：（1）培养观察

力、记忆力、想象力、思维力、情绪情感能力、意志力、个性心理能力；（2）上好创新教育课的能力；（3）进行创新活动指导的能力；（4）学科教学和活动课教学渗透和培养一般创新思维品质的能力；（5）对学生创新素质发展进行评价的能力。特殊性创新能力，包括培养语文能力、数学能力、音乐能力、绘画能力、体育能力等方面的能力。

三、创造型教师的特征

成功的、富有创造性的教师总是善于吸收最新教育科学成果，将其积极地运用到教育、教学、管理等过程中，并且富有独创见解，能够发现行之有效的新的教学方法。在教育教学方面，注重教育艺术和机智，有强烈的求知欲和成就动机。在教学风格和技巧上，善于经常变换各种教学手段，激发学生积极思考，鼓励学生参与课堂教学相互交流并讨论各自观点。驾驭教材能力很强，对学生的课堂反应有很强的敏感性；凭直觉进行教学，想象力非常丰富，不拘泥于已有的规划或既定的程序。在班级管理方面，创造型教师在对班集体和学生管理时都表现出：努力创设并维护一种创造力易于表现的师生关系、同学关系及班集体风尚。信任、公平、宽容、自由、安全、富于创造性的集体气氛是创造型教师进行班集体和学生管理时所追求的目标。实质上往往表现为幽默、热情、乐观、自信，乐于接受不同观点以及对其工作之外的其他事情也表现出强烈的兴趣。

第二节　创新教育不该遥远

一、创新教育不只限于重点大学

创新教育并非只是重点大学的事。当前重点大学都比较重视创新教育，而在一般的高等院校，情况就不一样了，很多普通高校还没有把创新能力培养作为学校教育的基本任务，在他们心目中，创新教育是重点大学的事情。其实，一般高校甚至中专和技校一样应该培养学生的创新能力。笔者认为，创新体现在不同层面上，就像一个金字塔，获诺贝尔奖的科学发现可看成是创新金字塔顶端，而工厂里的技术工人也可能作出技术创新，那是创新金字塔的底部。需要注意的是，越是底层的创新者，社会需求越是量大面广。毕业于一汽技工学校的王洪军，创造出一整套实用又简捷的轿车车身钣金整修方法——"王洪军轿车快速表面修复法"，于2007年获国家科学技术进步二等奖。不同层面学校的学生一样有可能作出创新，不同层面的学校都有培养学生创新能力的责任，只不过不同类型和不同层面的学校对创新人才培养的目标定位可能有所不同，有的注重于科学前沿的创新，有的重视技术创新，技校等等则可以更专注于技能创新。这才体现创新教育的百花齐放。

二、创新教育不只是少数教师和高级技术人员的事

创新教育不能只是少数教师的事。在很多学校，不仅创新教

育，许多教育改革也只是少数教师的事情，多数教师成了旁观者。其实，普及创新教育一定要发动所有教师，没有所有教师参与，创新教育很难在一所学校普及。要使所有教师都愿意参与创新教育，除了启发引导，学校还必须有合适的机制。推进创新教育应该是所有教师的责任，而非少数教师进行试验的"奢侈品"。

同时，创新教育不能只限于科技。如今一谈创新，就说科技。其实创新意识在社会的方方面面都是需要的。一个真正有创新意识的民族，在社会的各个方面都不断作出创新，社会因此而能更好更快地进步。教育的任务之一是启发学生的创新意识，而创新意识最基本的要素是质疑和独立思考。培养学生质疑和独立思考的习惯，不单是高等学校的职责，基础教育所起的作用甚至更为重要。

三、创新教育应真正普及

创新本不神秘，当创新教育真正普及之时，那些看起来平凡的现象恰恰反映了大成效。

当创新教育真正普及之时，你可以看到，学生在课堂上会随时举手发问，师生互动的情景变得平常；教师的压力会越来越大，因为非如此难以面对学生的创造性发挥；学科的界限会越来越模糊，因为创造性的思维难以受界限束缚；学校的招生自主权越来越大，因为考试成绩不再是衡量学生的唯一标准；学校里不再崇尚统一教材和精品教材，因为那可能限制创造性思维；课外创新团队不再由学校组织，因为学生自己有着强烈的创新欲望；陷入网瘾的学生会越来越少，因为更多学生试图展示潜能而少有无所适从的空虚；学校会越来越开放，因为创新源于问题，而问题源于社会与实践；中学生不必一味追求读大学，因为不同层面的学校都可能提供创新教育，而拥有创新技能的大专生、中专生更容易被社会接受，等等。

这一切，都不神秘；这一切，都不是"奢侈品"。

第三节　培养教师创新教育能力

教师创新教育能力的激励和培养涉及很多方面，大到社会环境、教育体制，小到学校管理、培训教育，物质条件和实践机会都是其中基本的因素，都对教师创新教育能力形成与发展产生直接而重要的影响，下面仅从学校环境和继续教育培训两个方面谈谈。

一、优化教师创新教育能力培养的学校环境

学校环境是对教师创新能力的形成发展产生影响的多种学校因素，其中较为重要的有学校的校长，学校管理，教学的评估体系等。适宜、合理的学校环境是教师创造力顺利发展的必要条件。

首先，优化学校环境的关键要素——创造型校长。任何一所学校是否具有良好的环境，一校之长是关键所在，唯有具有创新精神的创造型校长，才能为教师创造性教学提供指导和支持。何为创造型校长？其最为主要的特征是能够创造性地开展工作，工作热忱主动，不受常规所限制，善于发现学校管理和教师教学中的主要问题，并想方设法给予圆满解决。具体而言，包括加强科

学的学校管理，使学校管理有利于促进和鼓励教师创造性教学；带头研究和解决学校中的创造性课题，善于听取教师的新观点和富有建设性的意见，努力为教师提供创造性工作和研究的机会与条件等等。

其次，有助于教师创造性发挥的学校管理。学校管理的中心是对教师的管理，其具体内容就是允许、鼓励和帮助教师创造性地进行教学。允许是指为教师提供一种相对宽松自由的环境；鼓励是指学校管理者应对创造性表现的教师给予精神和物质上的积极强化；帮助是指学校管理应利用一切条件为教师提供有关创造的新的理论、成果、技术和方法等信息，经常组织参观学习、讨论交流、专家指导等使教师开阔视野，拓宽思路。

最后，完善学校评估体系，注重创新教育能力考查。学校的教育评估体系是对教师教学成果的检验，同时评估体系所选择的标准又是对某种教育思想和方法的肯定，对教师的教学起着很强的诱导和强化作用。所以注重评价体系中教师创造性工作成效的权重、导向、奖励，使之形成人人争创新的氛围。例如：教师创新教育能力考查的教育评估体系可以从两个方面加以完善，一是完善基本的教学考试形式和内容，如客观的考试，问题情景考试和论文体考试等；二是重视专门的创造性活动中的表现。

二、开展教师创新教育能力培养的原则和课程设计

教师创新教育能力的形成和发展过程是一个毕生发展的过程，对它的形成、培养、发展规律的认识还是初步的，还需要进行长

期深入研究，目前全国作了一些有益探索，积累了一些成功作法。如：

1. 创新教育能力培训的原则

首先，整体性原则。创新教育能力是一个整体结构，结构愈完整，功能就愈完善。培训创新教育能力，要使创新教育意识与创新教育能力协同发展，创新态度、创新思维和创造技能协同发展，使一般能力与特殊能力协同发展。

其次，发展性原则。创新教育能力是一种最高级的教育能力、教育艺术。它的形成必然经过一个从无到有、由低级到高级、由简单到复杂的过程，它的发展是无止境的，它是一个终身学习、终身发展的过程。

最后，实践性原则。创新教育能力的形成和发展离不开创新教育实践活动。无论是学校管理还是教育教学过程都要努力创设创新活动的条件，如允许教师在教学内容上创新、教学方法上创新，促使教师在教育教学活动中培养和形成学生和自身的创新素质。

2. 创新教育能力培养的课程设计

目前中小学教师继续教育的课程内容分为以学科知识为主的主体性知识，以教育基础理论为主的条件性知识和以教育升华为基础的实践性知识3部分构成。建议：

其一，在本体性课程中，开设学科前沿简介、科学概念的形成过程、知识拓宽与应用、高观点下的基本知识与其他学科的联系和综合等课程，使教师能不断充实和调整知识结构，树立终身学习和不断创新的观念。

其二，在条件性课程中，开设创造思维心理学、人才学、班级管理、教育思想、教育测量、国内外教改简介等课程，使教师能将自身教育经验提高到理论分析层面去审视和概括，又能用所学的教育观念和理论、方法自觉指导自己的教育教学实践。

其三，在实践性课程中，开设发散思维训练、创造技法训练、教材教法指导、现代教育技术、教育科研、选修课开设和指导课程，使教师除了具备坚实的基础知识和创造思维能力之外，还要懂得创造的规律，在教育教学实践中形成和发展自己的创新教育能力。

3. 形成有利于培养创新思维和创新能力且风格各异的培训模式

由于学习的革命性变化决定了教师培训模式要由简单传授为主的模式转变为反思性的多种模式。在知识经济中，教师的学习有如下特点：（1）工作和学习逐渐融合为一，教师工作的同时就是在学习新知识。（2）由于信息的快速流动与更新，学习必须是连续的、终身的、不间断的。（3）由于信息技术的广泛使用，使学习走出教室，走进生活中，通过计算机阅读与写作显得更为重要。（4）善于选择和有效利用信息的能力更为重要。（5）沉默知识（即 know—how 和 know—who）的学习重要性变得突出，非正规环境下的学习和培训是更普遍的形式。正是有以上教师学习的革命性变化，因此教师培训要与之相适应，或专题教学，或菜单式授课，或听观摩课，或现场示范、或读书研讨。

总之，要改变以课堂传授为主的单一模式，实现风格各异的多种培训模式。

专栏　教育创新不能图"眼球效应"

日前，某地以条例形式规定，小学生每天的书面作业不能超过1小时，如果违反的话，学校负责人要受行政处分。看了以后不禁心生疑惑：学生学习能力各异，同样的作业，有的完成时间短，有的完成时间长，让老师如何精准把握？学生做作业超时，如何判定、监督？以"1小时"作为量化指标，科学性又在哪里？业内人士一语中的：这一纸规定，更多的只是"眼球效应"。

商业促销讲"眼球效应"，人们还能理解。如今教育界也追求"眼球效应"，让人担忧。有的学校开"公开课"，课堂上老师大量使用实物和多媒体等辅助手段，一堂语文课变成热热闹闹的音乐课、五彩缤纷的美术课。看起来师生互动频频，实际上却没有用功深究教材本身。

将教育创新与"眼球效应"挂钩，固然可以蒙一蒙急于出"政绩"的上级领导，却不能产生实实在在的结果。在这种"短视"教育的指导下，基础训练被忽视了，扎扎实实的内功被丢掉了。教育失去了烛照未来的能力，对学生、对学校、对教育本身都是一种重创。

教育创新，不能急功近利，而要平心静气、耐心守候，因为教育效果有"滞后"效应。黑龙江一位大器晚成的小学校长，十几年治校坚持一件核心工作——抓教师的读书工程，硬是把一批农村教师培养成了知书达理的文雅教师，学校的底蕴、学生的底

气随之而生。

　　"十年树木，百年树人"。教育是项寂寞的事业，教育工作者还是要按教育本身规律来办事，循序渐进办教育，少一些作秀和邀功，多一些厚积薄发吧。

——《解放日报》，2009 年 9 月 4 日

第七章　把美带给学生

照天性来说，人都是艺术家，他无论在什么地方，总是把"美"带到他生活中去。

——高尔基

美与真是一回事，这就是说美本身必须是真的。

——黑格尔

车尔尼雪夫斯基曾说："美的事物，在人心中换气的感觉，是类似我们当着亲爱的人面前时洋溢于我们心中的那种愉悦。"随着社会的不断发展，对现代教师审美品位的要求也越来越高。作为"人类灵魂的工程师"，不仅要教会学生如何做人，向学生传授科学文化知识，而且要把美带给学生，有效地培养和塑造学生美的心灵，提高他们的审美能力。

第一节　美与审美

一、什么是美

美，几乎是无处不在，但并非人人都能充分感受它。正如法国雕像大师罗丹所说："美是到处都有，对于我们的眼睛不是缺少美，而是缺乏发现。"一般来说，美是客观事物所具有的足以

唤起人们美感的具体形象。它包括食物的内在本质和外在表象，它能引起人们愉悦之情。

美作为一种特殊现象，是人类历史发展的产物。它在人类的劳动过程中，伴随着人类的劳动发展而发展，不是单纯物质现象的主观反映，而是一种具有社会意义的精神快感。也就是说，客体事物的具体形象的存在和属性满足了主体身心的一种特殊需要——"美感"需要。美能够推动社会的进步与人类自身的发展。马克思说过："社会的进步是人类追求美的结晶，人也是按照美的规律来塑造自己"。

美具有客观性、形象性、感染性等基本特征。

首先，美具有客观性。美是一个感性具体的存在。它一方面体现着自然和社会发展的规律，一方面又是人的能动创造的结果。譬如，我们说苏州的园林是美的，曲折的小桥连接着一座座亭子，波光潋滟，令人陶醉。它既是一种客观存在，同时又吻合着人们的审美情味。巴黎罗浮宫中悬挂着大画家德拉克洛瓦的巨型油画《自由引导着人民》，它展示了法国 1830 年"七月革命"的雄伟场面。在那法国人民最后推翻波旁王朝的光荣的 3 天中，自由的理想把巴黎民众引向街垒，与查理十世的走卒展开了生死搏斗。一位体魄健壮的普通劳动妇女，在透过硝烟的强烈光线照射下突入街垒，头戴法国大革命时期流行的红色弗里吉亚帽，一手提枪，一手高擎飘扬在整个锥形构图顶部的自由旗帜，率领民众向君主专制勇猛冲击。这幅画色彩炽烈，笔触奔放，洋溢着激昂和振奋的感情，再现了法国革命历史的一幕。它是美的，是美的客观存在。

再让我们去听听那悠远的盛唐之音。"前不见古人，后不见来者，念天地之悠悠，独怆然而涕下。"陈子昂写这首诗的时候，是满腹牢骚、一腔愤慨的，但它所表达的却是开创者的高尚胸怀，一种积极进取、得风气之先的伟大孤独感。它豪壮并不悲痛。高适的"千里黄云白日曛，北风吹雁雪纷纷；莫愁前路无知己，天下谁人不识君。"王翰的"葡萄美酒夜光杯，欲饮琵琶马上催，醉卧沙场君莫笑，古来征战几人回。"豪迈，勇敢，一往无前。即使战争艰苦，也壮丽无比；即使出征、远戍，也爽朗明快。这就是盛唐之音！它是美的，因为它体现了个人、民族、国家在欣欣向荣的上升阶段的社会氛围。所以，美是包含或体现社会生活的本质、规律，能够引起人们特定情感反映的具体形象，包括社会形象、自然形象和艺术形象。

由此可见，就其本质而言，美并不是事物的某种与人无关的自然属性，也不是意识、精神的虚幻投影，而是事物的一种客观的社会价值或社会属性。这也就是美的客观存在性和社会性。因为，美的所谓客观性，正是指美是客观对象所具有这种不依存于我们的主观意识的社会同性。正如列宁论证社会存在的客观性时所说："所谓客观的，并不是指有意识的生物的社会（即人的社会），能够不依赖于有意识的生物的存在而存在和发展……而是指社会存在不依赖人于人们的社会意识。"所以，美具有客观存在性。

其次，美具有形象性。美，不是扑朔迷离、不可捉摸的。法国哲学家狄德罗说："只要哪儿有美，就会有人们强烈地感觉到它。"这是由美具有形象性这个特征性所决定的。凡是美，都可

以直接被人们的感官感知，都具有形象。人们谈到杨柳的美，立刻会想到那长长的柳丝，柔嫩多姿，春风唤拂，婆娑起舞的情景。杨柳的美，是通过其自身的形象表现出来的。当人们问起西湖的美，你若用一些抽象空乏的概念来回答，这对于从来未去过那里的人来说，恐怕是难以想象的。而苏东坡的诗《饮湖上初晴后雨》，给人的感受就不一样了。"水光潋滟晴方好，山色空蒙雨亦奇。欲把西湖比西子，淡妆浓抹总相宜。"风和日丽之时，碧波千顷，涟漪不惊，红日朗照，粼光耀金，具有一种浓艳华丽的美；而阴雨连绵之时，群山起伏，一抹浅黛，雨帘重裹，影影绰绰，又有一种淡雅素净的美。人们品味诗中一系列具体形象，就不难感受到西湖的美了。

自然美是如此，社会美也和形象联系在一起，因为社会生活本身具有形象性。人们说金色的麦浪是美的，指的正是沉甸甸的麦穗，金黄的色泽，起伏如波浪这些形象。人们说一人有难、八方支援的风尚是美的，这种美表现为问饥问寒、送衣送粮、寄钱邮物等一系列感人的形象。人们把不畏艰难、勇攀高峰，比作登泰山，是"会当凌绝顶，一览众山小"的形象。人们把勤勤恳恳、埋头苦干的工作作风，看作是一种美，而给人以"老黄牛"的形象。那种没有形象的美，恐怕在社会生活中，是找不到的，也是不存在的。

艺术美就更富于形象性了。人们称赞张先"云破月来花弄影"写得好，好就好在它的形象清新、优美。原先，月光被浓云遮住，笼罩花枝的是一片阴暗。现在，云儿移动了，月儿露了出来，皎洁的月光洒在花叶之上，微风习习，花摇影动，仿佛在娇憨地起舞弄影。这是多美的意境啊！就因为这句有传神之妙，人们称张先是"云破月来花弄影"郎中呢！《诗经·秦风·蒹葭》篇，所抒发的急切的期待、诚挚的情意、浓重的失望之情，不也是通过一系列形象表现出来的吗？静静的清秋之晨，丛丛芦荻颓立，浓浓霜露凝结，渺渺烟水浑接，块块洲渚散列。天高地迥，气寒意凉，满目萧萧，一派瑟瑟。此时，沉寂的水面上映出一个孤独的身影；骤然间，在他的胸际，响起了爱的呼唤，"所谓伊人，在水一方。"逆流陆行，险阻路长。可望而不可即，即隐于茫茫云水中，又历历如在眼前，怎不叫人焦渴又烦恼，哀怨而凄惶。如果没有这些形象的描绘，那种怅惘之情，又怎能得到淋漓尽致的抒写呢？又怎样使读者感受到诗的美呢？黑格尔说过："美只能在形象中见出，因为只有形象才是外在的显现。"没有形象性，便没有美的存在形式。美与形象是结合在一起的。正因为"美只能在形象中见出，"当人们要表达一种事物的美时，把它表现为具体的形象就是必要的了。中唐诗人白居易在《琵琶行》中，描绘琵琶女高超的弹奏技艺时，就接连采用了一系列视觉形象，间接地表现出音乐听觉形象的美：像珍珠掉在玉盘中一样清脆，像花间的莺鸣一样舒缓、和谐，时而阻抑幽咽如冰下泉流，时而沉咽，时而间歇，忽又异峰突起，石破天惊，像"银瓶乍破"如刀枪齐鸣。诗人能采用这些形象性的表现，正是他对美有形象性有深切体会的结果。

最后，美具有感染性。任何事物的美，都有一种感人肺腑的力量。它能激发人们的情感，给人一种享受和陶醉。无论是一面

第七章　把美带给学生

红旗、一支乐曲、一束鲜花，人们在欣赏它们时，都会在精神上得到很大的愉悦和满足。正如车尔尼雪夫斯基所说，美的事物，都可以在人们心中唤起一种"类似我们当着亲爱的人面前时洋溢于我们心中的那种愉快。"一个对象，如果失去了这种感人的力量，也就失去了美。美的感染性是对象本身所具有的特性，它是从对象特定的内容与形式的统一体中表现出来的。原始社会的狩猎民族，他们往往用野兽的皮、角、牙齿等作成装饰品，佩戴在身上并以此为美。此时此地，它们已不再是纯粹的自然物，而是有一定社会意义的对象了。因为它们身上显示着人们在同自然搏斗中的勇敢、机智和才能，也就是通常所说的人的本质力量。人们欣赏它，也就是欣赏自己在对象上所显示的本质力量。

因此，美的事物之所以能够引起人们无限爱慕喜悦的心情，美的形象之所以能在人们的脑海里长期萦绕，久久不能消除，主要原因就在于它的内容，在于它直接或间接地显示了人的本质力量，显示了人凭借着自己的本质力量所创造的生活。比如，迎风招展的五星红旗是很美的，凡是热爱社会主义祖国的人，都会无比地热爱五星红旗，看到它，就会自然而然产生一种勃勃向上的情绪和作为一个中国人的自豪感。因为五星红旗是成千上万的先烈鲜血和生命换来的，它象征着自由和解放，标志着我们国家的尊严和民族的团结。如果没有这些内容，五星红旗就不会有那么强烈的感染性。又如，当我们在戏院观赏一出戏剧时，随着剧情的发展，也会自然而然地沉浸在整个艺术的境界之中，关心着人物的命运和遭遇，同他们一起，分担欢乐和忧伤。这种强烈的感染力，主要也是来自人物的性格，来自人物与人物之间所展开的各种矛盾冲突。

自然界的美，在显示人的本质力量方面，并不像社会美和艺术美那样直接、鲜明，但是，它那生动活泼的异来风姿，那种欣欣向荣的勃勃生机，都可以"显示生活和使我们想起生活。"因此，自然美，也能够激起人们深切的爱恋之情。

美的感染性不能离开美的内容。但美的内容不是抽象的，而是具体的，是人可以凭借自己的感官直接感受到的，如果离开了具体的形象，离开了完美生动的形式，这种所谓美的内容，也就失去了从感情上打动人、感染人的力量。因此，美的感染性，既来自通过感性形式显示出来的人的本质力量，也来自显示了人的本质力量的感性形式。比如，小提琴协奏曲《梁祝》，乐曲的内容，来自一个古老而优美动人的民间传说，梁山伯与祝英台，草桥结拜，同富共读，十八相送，长亭惜别，楼台抗婚，投坟化蝶。这些内容的展示，都是通过优美动人的鸟叫般的华彩旋律，柔和抒情的调子，轻快的节奏，诉诸听众的听觉，从而打动听众的心灵。低沉阴暗、严峻的节奏，阴沉的音调，奏出了封建势力凶暴残酷的主题。梁祝追求自白的爱憎，所以具有特别强烈的感人力量。但是，它在形式上也具有旋律美、节奏美、意境美。这种形式美，也是具有感染性的。

又如舞台上的江姐，是一个很美的艺术形象，"三九严寒何所惧，一片丹心向阳开，"她的崇高品质和献身精神，强烈地叩击着人们的心弦，震荡着人们的灵魂，激励着人们的情感。但是，当演员在表现她的完美心灵时，演员的唱腔、说白、动作，乃至

于音响、灯光、布景等，也是很吸引人的。美是一个整体，它的内容和形式是相互依存的，相互统一的，美的感染性也是从这种统一中表现出来的。

二、审美与审美素质

审美，是对美的感受、鉴赏和创造。审美是一种负责的精神活动，它作为一种精神生产与生活的过程，是一种比文化、道德更远离物质和经济基础的社会现象。它包括审美鉴赏和审美创造。它是通过观察、感觉、联想等形象思维来判断美和丑的心理过程。

审美有着客观的标准。首先，审美具有时代性。美是一种社会现象。美离不开人、不能离开人类社会而独立存在。因此，审美随着社会时代的发展而发展，随着历史时代的变化而变化。其次，审美受个人爱好、兴趣影响富有个性特征。再次，审美还具有民族性。由于语言、地域、经济生活、文化习惯、心理状态等方面的不同特点，审美观念会有明显的差别。最后，审美标准还具有阶级性。不同的社会制度，不同的阶级或社会集团从不同的阶级观点和利益出发，往往对美尤其是对社会美和艺术美做出不同甚至截然不同的评价，反映出不同的审美观点和利益关系。

审美素质是一个人感受美、鉴赏美和创造美的一种能力。在马克思主义美学理论的指导下，在长期的审美教育与审美实践中形成的感受、理解、评价、创造各种美的能力。

审美感受力是指审美主体对审美对象所传递的信息作出的反

映能力。在这里，既有单纯的生理感觉因素，又有积淀理性内容的感觉因素。从生理感觉因素上说，指的是审美主体的感觉能力，表现为主体对事物的感性特征怀有浓厚的兴趣，能够在审美实践中保持高度的敏感。例如，学生听到节奏韵律鲜明的歌曲、看到富有趣味性的语言，就可能引起他们情绪上的舒适感，从而会更有兴趣地投入到阅读中。而从积淀理性内容的感觉因素上来说，是指审美主体在获得生理愉悦的同时，不知不觉地调动起各种心理机能，并参照以往的审美心理积淀和感觉经验而作出的审美反应。

审美判断是对审美对象的美的特性进行分析、综合之后所得出的审美评判和审美断定，而审美判断力则是指在这种审美评判和审美断定中所显示出来的审美水平与能力。由主客观条件的不同和审美观念的差异，不同的人在审美判断上存在差异，甚至完全不同。例如，有的人崇尚健康文明向上的审美情趣，有的人追求低级庸俗的生活方式。不同的审美判断能力导致不同的追求目标和人生态度。

审美创造能力是指人们按照美的规律从事美的创造的能力。人们感觉美和判断美是为了创造美，为了满足人们日益增长的审美需要。审美创造的范围无限广阔，内容非常丰富。我们可以通过各种途径提高创造美的能力，按照美的规律去改造客观世界和主观世界，创造具有高度物质文明和精神文明的美好生活。

三、教师审美素质的重要性

作为人类文化的传播者和各类人才的造就者的教师，更新传统观念，不断加强自身审美修养，提高自己的审美素质，并以此去帮助青少年学生树立正确的审美观，提高他们的审美能力和美的创造能力的任务就越发显得重要。

从本质上说，学校教育不只是单纯地向学生传授知识的教育，它的最终目标，是培养全面发展的，符合社会需要的建设人才。教师在教育过程中起着主导作用，这种作用贯穿于教育的全过程，审美素质的作用也不例外。教师一方面按照既定的教学计划和教学内容向学生"传道、授业、解惑"，另一方面又以自身的品德、学识、情操以及仪表影响学生。而这后者的潜移默化的"影响作用"，对于青年人的心灵，是任何东西都不可能代替的"最有用的阳光"。

教师的工作对象，是青少年学生。这些学生，精力充沛，富于想象力，除了旺盛的求知欲外，对美的追求，也是处于人的一生中最为强烈的时期。随着对外开放和经济的繁荣，他们的视野更加广阔，对美的追求更加强烈和迫切。作为教育者的教师，既要感知丰富多样的美的对象和形式，又要与学生的多方面审美需求进行交流。青少年学生正处在成长时期，求知和成长的愿望决定了他们具有"向师性"心理。在这种心理驱使下，他们把所尊敬和爱戴的老师，视为效法的楷模，不仅教师传授的知识，而且连同教师的品德、情操、仪表、风度、兴趣爱好，都对学生产生潜在的魅力，令他们向往。优秀教师的教学水平和审美素质，成为学生心目中美的形象，具有深刻的陶冶和熏染作用。闻一多、朱自清这样的一代名师，他们给予学生的教育和影响作用，绝不单单是文学和艺术的知识，而且包含着道德和人格，这是一个远比传授知识复杂得多、深刻得多的道德和审美施教与受教过程。因此，从教育实践上看，忽略教师审美素质的作用，学校培养合格的人才这个根本任务将难以圆满实现。

许多学生一生中的某些兴趣、爱好和专长，在很大程度上，就是从他们的老师身上得到"启蒙"的，如文学、书法、绘画等。很多优秀教师，特别是那些从事班主任、辅导员工作的教师，他们正是在教育过程中，有意或无意地以其自身的审美方面的"某些因素"，对学生施教，寓教于乐，从而收到良好的教育、教学成效。一个教师，在对学生的慈父慈母般的关心中，在诲人不倦的教学与辅导中，在与学生尽情嬉戏与欢笑中，一定有"一颗美的如水晶般的师心在跳跃"。而这，一定离不开为师者的崇高的审美化人格。有着高品位审美素质的教师，会在他教书育人的每个环节都表现出潇洒自如的风范。他能写一手漂亮规范的粉笔字；能画一幅生动形象的简笔画；能使教学呈现节奏感、旋律美而充满诗情画意，能让学生轻松愉快地学习而迸发出灵感的火花。他不会用分数来责罚学生，不会在学生面前随意叼起烟卷、浓妆艳抹，更不会为一个"顽劣生"的恶作剧而刻意回报。他会画龙点睛地为学生指点迷津，他会娓娓道出让学生如梦方醒，他会使课堂高潮迭起，生动活泼，他会让学生高扬创造性思维风帆，千帆竞游。这里完全不必考虑是用"启发式"还是"注入式"的教

学方法，也不必去刻意追求"演员式"的哗众取宠，尽可以"清水出芙蓉，天然去雕饰"，从而取得"曲终人不见，江上数峰青"的最佳效果。

所以说，真正具有高品位审美修养的教师，是能在他的举手投足，一言一行中透出卓尔不群的魅力而去影响一代又一代的学生，使之受到感染和熏陶。

第二节　把美的内容内化于心

教师的审美素质是现代教师素质的重要内容，也是完美人生的重要标志。教师的审美素质的内容主要是对自然美、社会美和艺术美的感受、判断和创造。

一、自然美

自然美是自然界客观存在的，有具体形态、有审美价值、能给人以愉悦感受的东西。广袤的雨中空间，几十亿光年，给人开阔的美感；自然界飞动流逝，"坐地日行八万里"，给人以动态和活力的美感；自然界动植物的繁衍、新陈代谢给人体会到生活愉悦的美感。这些美感的产生是由于大自然成为社会的表现形态：自然的没有经过人类加工的自然物的美，也有经过人类加工制作的自然物的美。人体美也是自然美中的一部分。体形美有遗传因素，即先天自然因素形成的；也有培养的因素，即后天自觉锻炼的因素。人们对自然没得鉴赏，往往还结合丰富想象，变成人们生活中美好向往的象征。"大雪压青松，青松挺且直，要知松高洁，待到雪化时。"陈毅同志的这首诗写出了自然界和人身上某些接近的东西，借自然界的美比喻共产党人的优秀品质。人们就是在对大自然的欣赏中，得到对人生理想最美好的憧憬。

二、社会美

美不仅存在于自然，而且存在于人类的社会生活中。社会生活中的美也是丰富多彩的。在社会美中，人的美是中心，是社会美的主题，而人的美主要是内在美和外在美。内在美和外在美是相互区别、又相互联系、相互贯通、相互影响的。内在美是人的心灵美、本质美，外在美是人的外表美、形式美、现象美。追求完美人生，必须重视内在美和外在美相互统一。根据教师的职业特点，社会美的主要内容包括培养塑造教师的心灵美、仪表美、风度美、气质美、语言美、行为美等诸多方面。

1. 心灵美

心灵美是一种美德。大哲学家弗郎西斯·培根曾作过这样一个比喻：美德好比宝石，它在朴素背景的衬托下反而更显美丽。是的，其实每一种美德都是出自善良的内心，它让人们肃然起敬。无论一个人的形体和容貌是否美，人们都会为他的心灵的闪光点而感到自豪。

教师的心灵美应有以下一些要求：

首先，要有崇高的理想和热爱教育事业的精神。有了这种精神，教师就会在教育工作中去热爱学生，言传身教，无私奉献地投入教育事业。现代教师既要发扬"红烛精神"崇尚奉献，更要

强调"服务"和责任，为学生服务，对时代负责，用创新观念去培养学生创新精神和实践能力。提倡"把忠心献给祖国和党，把爱心献给社会，把关心献给他人，把孝心献给父母，把信心留给自己"的"五心"教育，用教师美好的心灵去塑造学生的心灵。

其次，要有渊博的才识和深邃的智慧。才学和智慧是心灵美的基础，也是一个人为社会为他人服务的资格或条件。缺乏才学和智慧，也就从根本上失去了心灵美的基础。这就需要教师具有渊博的知识及教育教学的各种能力与技巧，并在教育实践中不断开发自身的潜能以满足学生丰富多彩的精神需求。

最后，要有乐观的生活态度和较高的非智力因素。乐观的生活态度和较高的非智力因素是心灵美的重要内容。只有热爱生命、珍惜生活的人，才能在逆境中不断进取，勇于开拓，重视主体的能动作用。科学、积极、乐观、务实是构成现代人生态度的积极要素。科学是前提，积极是动力，乐观是保障，务实是基石和目的，他们相互联系，相互推进。这些正是符合时代精神的心灵美表现。

2. 仪表美

教师的仪表美，是指在教学过程中，教师的容貌、衣着打扮、语言行为、眼神、笑容、姿态、风度等精神面貌在学生面前表现出来的和谐的、文明的，具有教师形象的整体效果。教师的仪表应该是美的，它表现在振奋向上的精神、端庄高雅的仪容以及斯文和谐的举止，而振奋向上的精神面貌又是教师形象的灵魂。可以肯定，一位始终保持自信心态、宽容情怀并以满腔热情、旺盛精力投入工作的教师足以赢得学生的信赖和尊敬。学生也会因敬其身而信其道。反之，一位萎靡不振、面容疲惫、不修边幅的教师，无论如何也带给不了学生身心的愉悦和美的享受，不修边幅、满身奇装异服、太追求个性化的老师只会引得学生注意力分散，把目光集焦在自己的身上。学生上课见到你的容貌时，只注意你的黄发、你的红甲，听你项链、耳环、手机发出的"交响曲"，这不仅不会产生美感，而且还影响了教学及学生的审美观，形成不良习惯。久而久之，学生还会因厌倦其老师而失去对该学科的兴趣。

教育心理学表明，仪表的美，不但会给学生某种暗示，而且有利于建立良好的师生关系。仪表的丑，尤其面对还不成熟的学生，负面影响很大。一是学生模仿。即使是大学生，也是极具模仿力的。不要以为他们已经成人。就像不论年龄多大，在父母面前永远都是孩子一样，学生在教师面前也永远是学生，他会模仿教师，尤其对尊敬的老师，就更加注意去学。二是学生议论。即使学生不去模仿，见教师的穿着开放，也要议论纷纷。这样势必影响教师在学生心中的威望，也势必影响学生的学习注意力。三是学生乱想。男生对异性有些朦胧的甚至冲动的想法是很正常的。对年轻女教师也是一样，如果女教师穿着过于随意，会对男生起到一种无意的"诱惑"，让他们心神不宁。

美的仪表给人赏心悦目的感觉，有时令人经久难忘。教师的仪表始终是一种"无形"的教学力量。而教育又是以人格塑造人格的事业，因此，教师的语言教态、仪表风度时时刻刻地

作为一种教育力量影响学生。尤其是教师留给学生的第一印象，往往会影响学生对教师的认可度。因为人际吸引的第一要素便是外貌吸引和首见效应。容光焕发的容貌会射出一种生命的健康美，给人以生机与活力。服饰也有着重要的教育意义，新时代教师的着装既要显示其职业特点——文雅、庄重、朴实，又要符合审美情趣——合体、合度、和谐。衣履随便，不修边幅或刻意打扮、奇装异服会显得落俗、平庸、格调低下，与教师形象不相吻合。虽然我们无法选择自己的容貌，但三分人才，七分打扮，教师只要注重修饰，淡淡妆，得体衣，再加上饱满的精神，健康的情绪，就能给学生良好的印象。美的仪表能给学生积极的心理暗示，使学生精神振奋，情绪高昂，使他愉快地学习。

3. 风度美

风度美是指人的容貌、形体、动作、举止言谈、表情神态等所体现出的一种美。它是人的精神境界、道德情操、文化修养、个性特征和生活习惯等方面的外在表现。它是社会美的形态之一，是人类进入一定阶段，把自身作为审美对象而进行审美活动的产物，是人类在长期社会实践活动中形成和发展起来的。

风度美是一个复杂的审美范畴。人不同、生活环境不同，风度自然不同。在社会生活中，美是丰富多彩的，风度美的表现更是千姿百态。有的人豪放粗犷、爽朗潇洒；有的人文静贤淑、质朴端庄；有的人诙谐风趣、热情奔放；有的人持重稳健、蕴藉含蓄……决定风度美的因素，主要取决于人的内在气质、性格、道德情操和精神世界。风度美是人的内在美与外在美的高度统一，是人类文明的象征，它表明人类在认识和完善自我方面所达到的高度。

风度美主要是在日常生活实践中形成的，它必然受民族习惯、地理环境、历史条件、文化传统及多种社会意识形态的制约，不同的历史时期所反映出来的有关风度美的内容、标准、评价方式必然有所不同。风度美是人类遵循美的客观规律，实现自我认识和自我完善的结果，它也为自身的言行举止提供审美或自我塑造的依据。

风度美主要是在神态表情、言行举止、待人接物中显露出的美，它偏重于修养，重在内涵，贵在内在美的自然流露，所以刻意雕琢，故作姿态是难以形成风度美的。一个缺乏内在修养的人无论言语如何委婉动听，它难以掩饰内心本质的庸俗。追求风度美必须做到以下3点：一是内在美与外在美的有机统一，只有心灵美才会显现出风度美；二是共性与个性的有机统一，任何一种风度总是共性与个性特点的和谐统一；三是自然与修饰的有机统一，自然显露与外在装饰浑然一体，才能充分体现风度之美，才会给人以强烈的美感。

4. 语言美

语言是一种特殊的社会现象，是人类用来表达意思和交流思想的工具。根据教师的职业特点，语言美要注意以下几个方面：

首先要注意音量美。为了让学生集中精力和听得见，一些教师一直使用单调的高音。事实上，教师可以运用多种音量的技巧以捕捉和保持学生的注意力，涉及关键句子和短语时要拉高音量，比如：天空那么高、那么蓝，但是，讲到关键句子或词组时降低

音量，有时能达到更佳的效果——"高声私语"能使言语更传神，然而，你说得越轻声，你就应讲得越慢越清晰。有些教师前半句高声，后半句细语，以求达到效果。这种从低音到高音讲究一个句子或一个短语，或者相反又是另一种达到强调目的方法，还可以运用感叹句把学生的注意力引向重点，过高或过柔美声音，听起来却显得"虚假"，无论教师的音量如何改变，都应在逻辑上与讲课的内容保持一致。

其次，语气美。在教学中语言要有亲切感，充满感情，多鼓励，不能冷冰冰，夹枪带棒，比如教师让学生回答问题，学生一般都比较紧张，教师应用亲切柔和的语气告诉他："不要慌，大胆回答，即使是错了也没关系，毕竟你已经用心思考过了。"当学生回答不准确，词不达意时，教师应肯定他们的优点及正确的地方，用平和的语气鼓励他，给他信心。当他们答对时，教师应用高兴的语气给予赞扬。这样才能使学生乐于接受知识和完成作业。

最后，节奏美。在教学中采用有节奏的语言能拨动学生的心弦，满足他们的求知欲。平铺直叙，单调沉闷的教学语言简直就是在浪费时间。教师追求的教学语言应该是引火线、冲击波、兴奋剂、催化剂，要有撑人心智、激人思维的功效，达到唤起情感、加深对知识的理解和掌握，以及开发智力的目的。如果教学语言单调贫乏，平淡死板，千课一腔，没有一定的节奏，学生很快就会形成一种习惯性反射，产生保持性抑制，引起疲劳感，进而昏昏欲睡。

教师语言应是一种和谐匀称美。发音轻重，速度快慢，抑扬顿挫，起伏跌宕，以及脸部表情、手势等"体势语言"的运用都十分讲究。教师的真情实感，正是通过语言这一媒介，传递给儿童，从而达到教育教学目的。教师的语言，应该是有足够的气息支撑，发音集中声调准确，吐字清晰的乐音；是根据教育教学需要适时调整音量的高低、语速的疾缓、语调的刚柔、节奏的缓急的乐音，如清清细流，滋润孩子们的心田，给他们以美丽享受。

5. 行为美

行为美是指教师的言谈举止符合道德规范。教师的言谈举止、行为习惯总是直接或间接地影响学生，教师的行为是一种强有力的教育因素。所谓身教重于言教，就是这个道理。

教师的行为美主要是贵在行动，具体有以下几个方面要求：

首先，关爱全体学生，尊重学生人格。热爱学生就要对学生一视同仁，体现教育爱的伟大、公正和无私。学生如果在教师的行为举止中发现教师的偏袒行为，就会有损于教师在学生中的良好形象。尤其是对后进学生要多一些关心爱护，千万不能损伤学生的而自尊心。要严爱结合，严而有度，爱而得体，使学生在爱的教育中健康成长。

其次，言行一致，表里如一。教师身为学生表率，应该首先严格要求自己，做到言行一致，表里如一，知行统一。教师要以德育人，以礼待人，以身示范。要求学生做到的，自己首先做到。要求学生不做的，自己首先不做。要处处严格要求自己，时时用自己高尚的道德行为感化和影响学生。

最后，要做到慎独，从小事做起，从自己做起。勿以善小而不为，勿以恶小而为之。善则为之，恶则去之。行为美还应自觉做到慎独，这是一种道德境界，也是衡量教师能否达到行为美的

标志。这要求老师在无人监督、一个人独处的时候，也能信守行为美的诺言。只有做到这一点，才能真正达到了美的道德境界，说明心灵美与行为美的信条真正融入教师的血液中。

三、艺术美

艺术美是美的基本形式之一，是人类创造活动的结果，他是自然美和社会美两种形态美的概括和反映。艺术美是人们按照审美理想和审美规律所创造的一种综合美。艺术美是现实生活的能动反映，生动性虽然比不上显示美，但是高于现实美。因为艺术家作品中的美是博采众物之优点，把平淡升华起来，使之比现实更集中、更典型、更带有普遍性，使之理想化，因而显得比现实更美。

在社会美中，艺术美能够起着重要的作用。能激发人们的情感，启迪人们的思想，唤起人们对美好理想的向往。它能波动人们的心弦，鼓舞人们的斗志，使人们精神振奋，信心百倍地投入改造世界的活动。张海迪深有体会地说："保尔的精神鼓舞了我，从而使我战胜困难，去开创新生活。"

艺术美形式丰富，我们所接触的艺术美侧重于以下几种形式：

首先，音乐美。音乐是以组织的乐音创造艺术形象表达思想感情，反映生活的艺术。它能够直接激发和表现人的情感。音乐潜移默化的影响人的精神世界。要欣赏音乐，需要具有感受、理解、鉴赏音乐的能力。而具有这方面的能力，必须了解和掌握音乐的基础知识，提高音乐素养。教师应该学习音乐知识，欣赏音乐艺术，让健康的音乐艺术，给教师带来美的享受，进而影响学生。

其次，绘画美。绘画是一种运用色彩、线条和形体等手段，在二度空间范围内反映现实美，表达人的审美感受的造型艺术。可以通过"视觉语言"的独特性传达社会文化、思想和情感。教师应该了解绘画艺术，在得到情感上的愉悦和精神上的享受的同时，引导学生感受绘画美中的情感。

第三，舞蹈美。舞蹈是以人体自身的形体动作为物质材料，通过韵律的活动，抒发人的内心情感的艺术形式。舞蹈既体现着人的性格，思想和情感，又与审美主体的生理与心理活动相适应。舞蹈是音乐的姐妹，是动态的雕塑。人们欣赏舞蹈，可以在优美的舞姿中得到美的享受，使人在美的欣赏中得到休息，消除疲劳，调节精神；还可以在对各种舞蹈的欣赏中，丰富历史文化艺术知识，提高艺术修养。

最后，影视美。影视是通过银幕形象而发展起来的一门综合性艺术。影视艺术及其他艺术之优点，是目前最具有广泛性和群众性的艺术形式。它借助于现代传播媒体，通过人物形象雕塑，以独特的语言，生动的画面，逼真的形象，优美的印象，形声并茂塑造形象，富有吸引力和感染力，给人以美的熏陶和享受。

在艺术的殿堂里，还有雕塑美、戏剧美、建筑美等诸多艺术形式，教师对于这些艺术形式的审美也是必需的。

教师审美素质的提高，不仅要欣赏自然美、艺术美、更重要的社会美，尤其是审美主本——教师自身形象非常重要。教师要把握美的规律，按照美的理念去创造美，最终达到塑造自己完美老师形象的目标，进而教育出完美的学生。

第三节　教师的审美养成

一、学习美学理论，确立正确的审美观

学习美学理论，确立正确的审美观对于提高审美素质来说是非常至关重要的。审美观是世界观的一部分，而它反应了人们对各种客观事物美与丑的认识和评价。生活是美好的，但不同审美观的人对美的认识、评价不一样。树立正确的审美观必须学习审美理论，学习美学知识中最基本的问题，认识美的基本特征，树立正确的审美观，才能认识美、发现美、创造美。有了正确的审美观，才能自觉抵制各种错误审美观的影响和侵蚀，在比较、鉴别中净化人的心灵，养成美的行为。

二、培养审美情趣，训练感知能力

审美情趣是个人在审美实践过程中形成的对某种审美对象、审美风格和审美情调的喜爱和偏好。

审美看起来是属于个性所规定的偏好，是自己主管爱好的表现，其实这与人对美的感知能力、精神境界均有关系。凡是感受美的能力弱，一般来说审美情趣都比较低。虽然，就个人而言，审美情趣虽然有差异性。有人喜欢听音乐，有人喜欢听流行歌曲，有人喜爱看小说，有人对莎士比亚的悲剧爱不释手，有人对莫里哀的喜剧深深入迷……这都不同程度反映了他们不同的爱好和不同的情趣。为培养教师高尚的审美情趣，必须不断提高审美感知能力和欣赏能力。在审美活动中不断训练自己听觉和视觉的感知能力。善于欣赏音乐的人必定有敏锐的听觉。他们辨别音响的能力比普通人高出许多倍；善于观察的人，必然是观察入微，在别人认为司空见惯的东西中发现美、欣赏美。大千世界，美的形象无处不在，美的形式千姿百态，关键需要我们培养高尚的审美情趣，敏锐的审美感知能力，从而去发现美、认识美进而创造美。

三、参加审美实践，唤起对美的追求

参加审美实践，有利于培养和发展人的审美能力，提高审美境界。审美实践能唤起人们对生活的感受，丰富人们的想象力，陶冶人的道德情操，促进个性健康发展。审美的实践活动丰富多彩，尤其是学校在全面实施素质教育过程中，非常重视对学生的审美教育，开展审美活动。在启发学生的同时，教师本身的审美修养也有大大的提高。如各中小学可以根据学校的特点，广泛开展音乐、舞蹈、文学、书法等多层次、多渠道、多形式的文化活动，教师也应利用业余时间积极参加，使师生在美的业余活动中愉悦身心、陶冶情操、发展智能、不断提高审美能力。

教师也可以通过课堂教学来提高自身和学生的审美能力。音乐课上，教师可通过教唱歌曲，使学生感知音乐的节奏美、旋律美；语文课上，教师可通过教授中外名著，使学生深入了解作品的艺术手法，提高学生的鉴赏能力。即使是那些枯燥、抽象的数学、生物等自然学科的教学，也包含着审美教育因素。对于一个具有较高审美修养的教师，无论传授哪门课程，都可以把智育与

美育结合起来，随时随地以各门具体的学科知识培养学生的美感，实施审美教育。

同时，审美的实践活动，不仅仅只停留在校园，可以走出校园、走向社会、走向大自然。组织师生参观工厂、农村，目睹改革开放的伟大成就。浏览祖国的名山大川，欣赏大自然的风光。也包括人工改造的自然美，如青草如茵的公园，树木葱茏的山林、精致优雅的园林景观等。这些审美活动，能激发教师、学生的审美情感，对提高感受美、创造美的能力有着积极的作用。

任何一个追求美的人，都会先创造自身的美，也都会运用自身的美去创造美。教师的审美素质的建立和提高，可以便于教师对学生进行美的教育，把美带给学生。

专栏 教师的审美修养

教师要在教学中指导学生进行审美活动，自己首先必须成为在美学上有修养的人。教师的审美修养是多方面的，其中包括高尚的审美理想、正确的审美观念和健康的审美趣味；掌握一定的美学理论知识并善于了解当代社会不断更新的审美信息和各种审美形态的特点，以便于使美育内容具有更为深厚的生活基础和广阔的时代背景。同时还需有较高的教育学修养，以便遵循教育学的规律和原则用自己的审美修养去有效地影响学生。而许多教师由于种种原因没有系统学习过美学理论，对美学只是一知半解。从学科教学的需要来看，我认为：

首先，教师必须具有一定的美学知识，要系统地学点美学理论，了解一般的美学原理，如美学研究的对象、美学与其他学科的关系、学习美学的方法、中外研究美学的历史概况、美的本质、美的形态、审美感受的心理形式、艺术创作活动、艺术欣赏和批评、生活美的创造等。这些是审美时必备的理论知识、起码的知识。要掌握美学的基本原理，可以阅读王朝闻主编的《美学概论》、陆一帆主编的《新美学原理》，李泽厚编著的《美的历程》、朱光潜编著的《西方美学史》；国外的有黑格尔的《美学》、叔本华的《作为意志和表象的世界》等。阅读时要尊重美学规律，鉴别各家之言，博取各家之长。

其次，学习美学理论要与审美实践结合起来。教师应以崭新的教学境界来设计和讲授每一节课，并贯穿到教学过程的各个环节之中，如教态、板书、学生作业、学习考核与评优等。学校的领导和其他管理人员要把美育视为一种教育原则和教育思想，并融化在自己的工作之中。这些都要求教师要有广泛的审美趣味，要利用节假日去游览名山大川，欣赏自然美；要会欣赏音乐、绘画、舞蹈、戏剧、电影、文学、书法。如果能参加一二项艺术创造活动就更好，或能弹会唱，或握笔挥毫，或描红绘绿，或吟诗作赋，或跳舞演戏，总之，要有点雅兴、雅趣。这样有了审美经验，就能进一步了解美学的基本原理，又能运用美的规律指导审美和美的创造。

再次，要善于发掘学科中的美育因素，使美育与学科教育融为一体。在美育类学科中，艺术教育课如艺术、音乐等，主要培养学生视、听方面的审美能力；语文课荟萃了古今中外的典范文学作品，可以培养学生领略自然美、社会美、科学美、人物形象美、性格美和理性美以及鉴赏多种形态的艺术美，还可以通过写

作课锻炼审美创造能力，即使作为工具课，也要注意提高学生感受驾驭语言美的能力；其他人文学科如历史课可以使学生从社会发展的壮丽卷幅上感受到时代变革的悲壮美、英雄人物的崇高美、民族精神的刚毅美、文物遗址的古典美等等；自然科学学科如数、理、化等体现了科学性和审美性的统一，使学生认识到物质世界有序结构和科学规律的简洁、对称等特点，培养学生掌握以美求真的新思路。

最后，教师要具备对美的形式的敏锐感受力和实际操作能力，以培养学生通过对于形式的直观领悟和实际操作增强他们对于运用规律以造福社会的形式的浓厚兴趣。如果教师的感官没有敏锐的感受力，就不能把包孕丰富、形式多样的美极其迅速地输入大脑并再传授、感染学生。如读律诗而感受不到音乐韵脚之美；观戏剧而感受不到虚拟化的夸张之美；看电影而感受不到蒙太奇；欣赏交响乐而感受不到激荡心弦的主旋律等，这些只有通过审美知识的应用和实践才能提高审美感受能力。同时，学科教学既是科学，也是艺术，它包含着许多美学因素。例如教师的动态美包括语言美（抑扬顿挫、风趣幽默）、姿态美（态度端庄、姿势优美）、表情美（表情变化丰富同步）、书写美（板书清晰、秀丽）、机智美（能随机应变）、服饰美（适时令、适身份）、手势美（恰到好处、激发情趣而又不失端庄）等，这些都需要教师把艰苦的教学活动同深厚的审美修养融合起来进行美的创造，只有这样才能不断激发学生运用美的规律以造福社会，创造出更新、更美的世界。

——郑州职业技术学院网站

第八章 善于与学生进行有效沟通

精神的沟通用不着语言，只要是两颗充满着爱的心就行了。

——罗曼·罗兰

与人交谈一次，往往比多年闭门劳作更能启发智慧。思想必定是在与人交往中产生，而在孤独中进行加工和表达。

——列夫·托尔斯泰

教师的教与学生的学是在师生之间的沟通中进行的。沟通是学校实现教育目标、满足教育要求、实现教育理想的重要手段。师生之间如何沟通，用什么样的品质沟通，决定了教育具有多大程度的有效性，所以，具有良好的与学生沟通的能力是教师必须培养的教育能力。

第一节 掌握与学生谈话的艺术

人与人之间离不开沟通，当两者之间发生了问题，我们离不开疏导。作为我们教育的对象——未成年人，作为教师的我们离不开要经常做的两件事、一是沟通，另一个是疏导。我们沟通的主要目的是让不良现象在萌芽状态就消失，我们的疏导是让学生明白自己的问题，然后不断完善自己。

沟通与疏导都离不开谈话。谈话是通过对话向学生进行思想

143

品德教育的一种方法。它不受时间、地点、人物、内容的限制，是教师常规的教育手段之一，在学校的教育中运用得极为普通。谈话似乎人人都会，其实并不尽然，它是一门很值得研究的学问，是语言学、教育学、心理学、社会学、逻辑学的综合运用。

构成谈话的基本材料是语言。教师要想提高谈话的教育效果，首先必须注重自己的语言表达技巧。班主任要想使自己的话能打动学生的心，其前提是要使你的谈话具有科学性、针对性和启发性。即根据学生的知识经验、接受能力和个性特点，以事实为基础，不凭主观臆断，不听一面之词，不讲假话、空话、大话，改变原来的态度，接受你所讲的道理，并用以指导自己的行为。任何装腔作势、玩弄权术的谈话，是绝不能达到此目的。

一、注重师生对话技巧——注重以"我"为主的表达方式

很多教师都有这种感觉，学生对老师的话有一种本能的抵御和反抗，师生之间沟通难。与学生相处中，教师觉得对大部分学生从关心出发，直抒"我"的感想，较之单纯的批评和带有指责的谈话，更易于师生间的沟通，教育效果更好。因为，以"我"为主的表达方式，主要谈"我"的观点和看法，表达"我"的感想与关心，不存在指责因素，不易产生抵触和对抗情绪，可以使犯错误的学生看清自己的行为所带来的不良后果，让其认识到为了自己的完美，确有改正的必要。

有这样一个教育实例：

学生告诉 A 老师说他们班上两名成绩好，长得也十分漂亮的女孩，双休和隔壁班的两个男孩出去玩了 2 天，他们之间还互相

交换了照片，这两个男生是全校有名的调皮生，只要一下课，就在Ａ班教室门口转。那个告诉Ａ老师的学生还说，因为和其中一个女生坐一桌，还被隔壁班的一个男生打了一顿，当听到这一些，Ａ老师非常恼火，但直觉告诉Ａ老师，不能简单把学生训斥一顿，但她又不得不为她们担忧。两个女孩的父母都不在身边，都寄宿在亲戚家。Ａ老师采取了这样的一个办法。放学后，他当着全班同学的面说："李芳、王娟放学后，能帮老师做一点事吗？"她们高兴地接受了。当她们来到办公室，Ａ老师请她们坐下，问清了事情的经过，没有批评，而是说你们两个都很不错，老师非常喜欢你们，你们的爸爸、妈妈对你们也给予了很高的期望。我如果是你们的话，一定会认真读书，将来做一个对社会有用的人。两个学生对Ａ老师说："以后再也不和他们出去玩了，老师能不能不在班上点明批评。"Ａ老师答应了她们。第二天，通过电话，Ａ老师和两个孩子的母亲进行了交流，让父母从生活中多关心一下她们，不要为了工作，而忽视了孩子的教育，后来，这两个孩子学习更加用心了，今年５月份还入了团。

可见，师生之间以"我"为主表达自己的观点，而不盲目批评，对改正学生的错误确实有好处，但是以"我"为主，必须是真诚，关心和相对的宽容，不能搞针锋相对，当学生出言不逊时，要冷静对待，否则，教育力量不大。

二、注意教育工作中的口语修辞

在与学生的沟通与疏导中，我们要注意谈话中的口语修辞，恰当的口语修辞可使口语表达更生动、准确、优美和得体，更易

被人接受。它有一定的分寸，一旦失去分寸，也会产生极大的消极作用，在教育中往往会引起学生情绪上的对立。

一个高年级学生欺负低年级学生，教师在批评性谈话中可以有多种表达方式：（1）"你这样做太不好了。"（2）"你这样做难道好吗？"（3）"你这样做简直太不好了！"（4）"你这样做就不好了。"

第一句是肯定名，直截了当，但嵌了一个"太"字，语意随肯定的语气表达显得重了些，学生听了有可能会产生抵触情绪；第二句是反问句，严厉的质问带有明显训斥的味道，溢于言表的激愤很难叫学生心悦诚服；第三句是反语句，透出的讥讽和挖苦只会造成学生的逆反心理；第四句用了否定句，态度明朗，却又显得委婉诚恳，在语出于口的一瞬间又加了一个不起眼的修饰词"就"，学生听了比较易于接受，同一事实，致使教育效果迥异，这就是口语修辞的微妙之处。

口语修辞作为教育调控的工具，它一方面要求我们选择适当的修辞手段，另一方面要控制自己的教育心理，防止无意识修辞状态的出现。同时，还要求我们做到：语音和谐，节奏匀称；语调起伏，高低有度；语气委婉，不刺伤学生的自尊心；遣词慎重，忌讽刺挖苦的语言出现；语态亲切，对学生满怀期望。

三、控制感情——冷处理

教师情绪的突然变化与波动，常常是导致教育失败的重要原因。学会控制自己的情绪，它将给你带来成功。

比如：

一次上课，教师正准备讲一本练习资料上的题目，一个同学委屈地说："老师，A把我的《课堂作业》撕了"。说起A同学，别的老师一听头都是痛的，非常调皮，学习不怎么用心，但他数学成绩好，为了促进他，让他当了个小组长。那个同学的话还没说完，A就站起来，气呼呼地说他抄别人的作业，我当时火冒三丈，当组长也不能撕别人的书，并且撕得那样碎！刚想厉声呵斥，这位教师看到同学们都看着他，现在训斥肯定会和A顶撞起来，这堂课就不能上了。权衡利弊得失，这位教师理智地对同学们说，现在是上课时间，这件事下课说吧，咱们继续上课。下课后，教师把A同学叫来到办公室，教师先避而不谈撕书的事，对他这段时间当组长的成绩进行了肯定，然后再问"这件事上你认为在方法上你有没有不妥的地方？"这时候，A同学马上低下了头说自己不应该撕他的书，这位教师接着问"那你准备怎么做呢？"他说他会吧自己的书和那个同学的换掉。第二天，交来的练习册，两人的书交换了。A同学把撕了的部分都用透明粘胶粘了起来。于是，这位教师还在班上表扬了A同学工作认真负责，并且能知错就改。

所以，遇到问题，我们作为教师，如果能冷静地换位思考，控制好自己的感情就能避免一场冲突，冷静地处理问题，使问题得到圆满解决。

四、要乐观，要幽默

幽默是指生活和艺术中的一种特殊的喜剧因素，又是指表达、再现、领悟生活和艺术中的一种特殊能力，是一种高超的艺术，

是一个人综合能力的体现。教育教学中的幽默语言既要有幽默的一般特点——机智性和娱乐性，又要有其特殊规定性——即在教学中的教育性。这种寓庄于谐的语言是一种教育机智，在教育教学中具有不容忽视的作用。英国学者 M·鲍门指出："理想的教师应当达到艺术化的教学水平，善于利用幽默来激发学生兴趣，使学生学得更好。"

恰当地运用幽默，会使人摆脱社会活动中的窘态。它可以缓解对方的紧张情绪，消除隔阂；也可以在你下不了台时，给你一个可下的台阶、不失体面地解脱自己。著名教育家苏霍姆林斯基认为："如果教师缺乏幽默感，就会筑起一道师生互不理解的高墙：教师不理解儿童，儿童也不理解教师。"教育研究表明，师生情绪严重对立时，学生会拒绝接受来自教育者的一切要求，阻碍他们对正确要求的意义的真正理解，即所谓"意义障碍"。而教学幽默是和谐师生关系、消除意义障碍的良药。所以海特认为，"幽默是一个好教师最优秀的品质之一。幽默有多种功用，最明显的功用就是它能使学生富有生气和积极注意。"在教学中，幽默的真正目的要更为深入更有价值得多。它在快乐之中把教师和学生联结在一起。"教学幽默可使学生感到老师的人情之美和性格优点，从而缩短师生间的心理距离，达到亲其师而信其道。"如钱梦龙老师讲《故乡》时有这么一段幽默插曲：

教师：为了解决好问题，我先检查一下大家自读课文以后，有些东西是不是理解了。同学们在回答的时候，尽可能不要看书。如果实在忘了，怎么办呢？

学生：（小声地）偷看一下！教师：偷看一下？说的好啊！

（师生大笑）别笑，偷看也是一种能力呀！（学生大笑）很快地在书上一眼扫过，马上找到自己所要的那个词、那个句子，不也是一种能力培养吗？不过，请注意，考试的时候，可不要培养这种能力啊！（学生大笑）

可见，幽默乃师生关系的"润滑油"，幽默语言能通过它的谐趣、曲折、温和而创造一种和谐友善的气氛，从而使人们的交往变得融洽、自然。因为"笑声会产生一种平衡的影响作用。亲切的笑声，纵令是片刻即逝的笑声，也能填平人们的地位或看法之间的鸿沟。"

同时，教师在谈话中运用幽默，必须注意以下几点：

第一，要适应对象。由于受理解水平的限制，对小学低年级的儿童一般不宜使用幽默，对高年级的学生要防止"阳春白雪、曲高和寡"，以免产生歧义。

第二，情趣要健康。幽默不是哗众取宠，引人发笑不是它的目的，更为重要的是使人在笑后受到某种启迪，它是一种健康、高尚情趣的流露，与格调低下的玩笑是毫无共同之处的。

第三，态度要和善坦诚。好的幽默轻松活泼，益于明理，与人为善，应该以不刺伤学生为前提，避免产生被嘲笑，被捉弄的感觉。

第二节　同理心——与学生沟通的前提

同理心是建立良好人际关系最重要的一个条件，也是师生之间建立良好沟通的首要条件。

一、何谓同理心

同理心包括：站在对方立场理解对方、了解到只出现这种情形的因素、让对方了解你设身处地为对方着想 3 个方面。

同理心不等于了解。了解是我们对事物主观的认识，是一个人的。主观的参照标准看事物；而同理心是沟通方暂时放弃自身的主观参照标准，尝试设身处地从对方的参照标准看事物，使我们能够从对方的处境来体察他的行为，了解他因此而产生的特殊感受。

同理心不等于认同，不等于认同和赞同对方的行为和看法。认同和赞同中包括沟通双方对一些问题的看法和价值观等方面有一致性，二者都带入了自己主观的参照评价系统。同理心是对对方有一种亲密的了解，像感受自己一样去感受对方的内心世界，由此产生共鸣。

同理心不等于同情。在同情的心理活动中，交往的双方有高低、尊卑地位的差别；在同理心的心理活动中，沟通双方的地位是平等的，无高低之分。在沟通中，当同感出现时，给予者与接受者的地位是相等的，同时彼此不一定要有所认同。例如我们了解到一个学生因为父母下岗，无力交纳学费，我们很同情他，教师们在同情心的驱使下，集体募捐帮助这个学生凑齐了学费。

这种沟通的心态，有两个心理成分：一是教师们认同和分享了这位学生的困难；二是教师们是处于一个较优越的地位，带着"我有资格来帮助你"的心态。在与学生的沟通中，学生更需要的是得到老师的同感，而不是同情和怜悯。当学生需要得到老师的帮助时，通常在那一段时期常常会敏感，自我评价偏低，假如老师对学生带有过多的同情怜悯，会更加强化这个学生的自怜、自卑感，对学生的成长是有损无益的。

在人际关系中，如果沟通双方能够从同理心的角度，去感受对方的感受、信念和态度，并有效地将这些感受传递给对方，对方会感到得到理解和尊重，从而产生温暖感和舒畅的满足感。这种感受可以诱发出彼此充满体谅和关心爱护的沟通氛围。

二、教师对学生不能同理的不良后果

同理心的培养是教师与学生进行良好沟通的前提。这是由师生关系的特质所决定的——教育效能的发生是建立在良好的师生关系上，也就是说，是建立在教师对学生同理心的传递之后，学生对教师的接纳的基础之上。

当一个教师不能或不愿同理时，与学生的沟通也就必然受阻，会产生以下的后果：

首先，学生觉得老师不理解自己时，就会觉得老师并不关心自己，随之会感到很失望，很沮丧，对老师的信任度会降低，向老师敞开心胸的欲望会很快消失和终止。

其次，老师对学生没有产生同理心，也就不能真正地接纳学生，非常容易对学生提出无益的指责和批评，这种出于教师主观意识的"自我信息"的表达会让学生反感和受到伤害，与教师的沟通也就出现了对立。

最后，当教师不能真正同理他的学生时，也就不能正确地对学生做出积极的回应，对学生内在世界中需要得到引导和纠

正的地方也就不能产生建设性的帮助。一般而言，是教师的主观判断让教师不能对学生产生同理心。对学生基于主观的价值观判断和缺乏了解，也会给学生提供不合适的教育影响，甚至误导学生。

因此，在教育中，教师对学生的同理心是开启学生内在心智世界的钥匙，是教育效能产生的前提

三、老师对学生同理心的传递的技巧

1. 单纯将学生的感受回应给学生

老师对学生的感受、情绪、价值观和行为表现等领域的同理。下面是一段师生之间的对话：

学生：老师，我最近情绪很不好，因为快要临近期末考试了！

老师：你担心马上就要考试了吗？

学生：不，我担心的是不知道你会出哪一类型的题目，我对回答论述题没有信心。

老师：噢，你担心的是考试题型。

学生：是的，论述题我总做不好。

老师：我明白。你觉得自己对选择题较拿手。

学生：是的，我害怕做论述题。

老师：这次考试题型中没有出论述题。

学生：太棒了！我可以不必担心了。

在这段对话里，老师的第一个反馈并没有准确反射出对学生的"担心"，学生觉得有重新比较详细向老师表述"担心什么"的必要，直到老师能够真正了解为止。

2. 准确地向学生传递同理心

一个学生在初中升高中的会考失败后，有 5 个老师分别对他进行回应：

老师 1：你为什么感到如此难过呢？

老师 2：你一向成绩很好，但想不到会考失败了。

老师 3：因为会考不理想，所以你感到很失望，很难过。

老师 4：因为会考不理想，所以你感到很失望，很难过，也不清楚前面的路该如何走，心中很混乱。

老师 5：你一向成绩很好，从来没有想过会考会考得这样不理想，故对此感到特别失望与难过，也有点郁闷；与父母商量，似乎非重读不可，但自己实在有点不甘心，所以内心很矛盾。

以上 5 个老师的回应分别象征 5 种层次的同理程度。

在第一层次的回应中，老师似乎根本没有留意这个学生所说的话，当他问学生为什么感到如此悲伤，是个十分不适合的问题，说明老师根本没有去感受这个学生的内心状况。

在第二个层次中，老师的回应虽然在内容上是和学生表面所说的一致，但他只领会了学生十分表面的感受，所以在回应中就只有内容上的表达，缺乏感情上的要素，显得了解得不够。

老师若要与学生产生积极的沟通效应，最低限度要能达到第三个老师那样的同理。这位老师的回应显示他对学生表达的表面感受有正确的了解，但他仍然没有对学生较深的感受做出回应。但是，这样的沟通对学生已经能够带来正面作用了。

第四位老师，由于他所达到的同感相当深，因此在他的回应中，他表达了学生表面言语后面更深的感受，可以引导学生去表

达更深和本来还没有察觉的感受。

第五位老师，做到了最正确的同理。在他的回应中，无论在表面或深入的感受上，都很准确。在这个例子中，他不但同感到学生很失望难过等表面的感受，甚至连很深入的，如气愤、不甘心和矛盾等也做了很准确的回应。在这个层次上能够作出回应的老师完全能够设身处地感受学生的内心世界了。

3. 在同理心的交谈中教师应立足于

（1）教师对学生自行解决问题的能力，应有很深的信任感。

（2）教师应能"由衷的接受"学生所表现的情感。

（3）教师必须由衷愿意帮助学生解决问题，并为此安排时间。

（4）教师对学生的烦恼应能感同身受，但又要保持适当的距离，不卷入学生的情感中。

第三节　用真诚唤起学生的信任感

心理学家卡尔·罗杰斯把真诚看作是建立良好人际关系最基本的要素。在师生关系中，我们常听学生说，"我就喜欢某某老师，他（她）对我特别好"。"我就愿意听某某老师的话，他（她）对我，那真是百分之百的好"。"某某老师对我真关心！比我爸妈还理解我呢"……学生只有把老师的关心接纳了，才能更加主动地接受老师的教育。我们每位老师对学生的期望都是出自良好愿望的，是出于对学生的关心。但是，我们每位老师对学生的良好愿望和关心都会得到学生的接受吗？我们的答案并不都是肯定的。

在我们的教育教学实践过程中，我们常常看到这样的现象：

教师在向学生热情的传递知识、价值观和各种行为要求，而学生却毫无反应，没有任何兴趣，教师常常面临的是学生的抗拒，低度的学习动机，注意力不集中、厌学，甚至直接的对抗。

遇到这种情况，师生之间往往会造成需求与目标之间的冲突。在这种冲突中，作为教师，心中常常感到不平衡，发出很多抱怨，甚至会火冒三丈训斥学生。试想这样能解决好问题吗？我们有的老师遇到这种情况时也许会对学生语重心长地讲这些话："你们要听话""你们要争气""我都是为你们好，要是不认识的人或者你不是我的学生的话我是不会和你谈这次话的""现在社会竞争这么激烈，你应该珍惜时光，再说年纪这么小，不学习你将来怎么办呀"！"你们大了就会明白，可到那时你想学习就晚了"等等。而学生面对教师反映出的心理，他们的回应却常常是"这个老师真啰唆""这个老师真烦""真没意思""讨厌""不想见到你"等等。

这样的冲突在学校中每天都在大量的发生。那我们的关心怎么没有能够得到学生的肯定呢？这其中很重要的一个原因是不同的老师在与学生沟通时，学生对他们的真诚度的高低感受不同，或者是他们对学生的真诚度高低不同，教育的效果当然也就截然不同了。唐朝韩愈讲"亲其师则信其道"也是这个意思。

一、真诚的定义

卡尔·罗杰斯把真诚解释为咨询员在心理咨询中，自由表达真正的自己，表现出开放和诚实，是一个表里一致、真实可靠的

人。也有心理学家认为真诚是真实、可靠、诚实的同义词，一个真挚诚恳的咨询员不会带假面具，不会做种种的防卫来保护自己，他很愿意开放自己。罗洛·梅对于真诚是这样论述："辅导员应该把自己和来访者之间的关系看是一个真实的关系，他要以真正的自己来与对方相交。在辅导过程中，他虽然在假设上是个专家，但他必须首先以一般人的心态与来访者相处，否则他的专长就不会派上用场，同时还可能带来弊害呢！"

二、真诚对于人际关系的意义

现实生活中，人们呼唤真诚，厌恶虚伪。真诚在交往中具有第一位的重要意义，因为交往最基本的心理保证是安全感，没有安全感的交往是难以维系的，只有抱着真诚的态度与人交往，才能使对方有安全感，才会使人觉得你可信，从而引起对方情感上的共鸣。与此相反，如果一个人对他人虚情假意、口是心非、自私自利，那么在交往中就不可能产生相互的理解、信任，还会让人感到不安全，甚至反感。朋友之间要做到相知，成为知己，就应该以诚相待。鲁迅先生先生曾说，友谊是两颗心真诚相待，而不是一颗心对另一颗心的敲打。只有以自己的真心才能获得他人真情的回报，产生真情的互动，彼此间才能相互认同、接纳。一个真诚的人，应该是襟怀坦白、表里如一的人。任何的矫揉造作、虚伪奉承都会让人感到不自然，伤害他人的感情。

三、教师对学生的真诚是一种教育的力量

学生对教师施加的教育影响，是有选择地接受的。这种对教

育影响选择接受的程度，决定于学生对教师的接受程度。学生在与老师的交往中，只有感到被信任、可以充分展示自己的生命全貌之后，才愿意去回应给老师信任感和对老师生命全貌的接纳。这种师生之间的真诚沟通品质是双向互动地来成长和培养的。学生对老师的信任度和接纳度有多高，对老师所传递的教育影响的接受度就有多高。教师要善于对学生表达真诚。

学生对老师的言行是否一致非常重视。在一个言行一致的老师那里，学生的第一个心理体验是安全感，他不必担心这个老师的要求会前后不一致，不必担心老师会情绪化地变更对学生的各种管理措施，也能从一个始终能够对他们关心的老师那里得到稳定的情感支持。学生在与这样一个表里一致、言行一致的老师沟通，本身就是在学习如何进行健康的情绪管理；让自己在这样的一个榜样那里，学习做一个表里一致、言行一致的人，学习对人真诚、信赖的品质。

四、教师向学生表达真诚的技巧

教师对学生的真诚是其本身工作的职业道德，教师对学生的真诚也是教育工作成功的一个重要条件，同时也是教师本身需要不断成长的美好品质。真诚，对于每个人而言，都是需要在平时的工作和个人修养中去培养、成长的重要品质。

教师在工作中，有时会习惯地戴着面具来与学生交往，不仅让自己很累，也会让学生感到他们的老师在做人上的不真实，感到与他们沟通是在自我防御，只是在按教师既定的工作职责工作而已。

教师必备的10项基本素质和能力
Jiaoshi Bibei De 10 Xiang Jiben Suzhi He Nengli

教师在与学生沟通时候，往往会保持一个"我是一个老师"的完美形象，对自己要求太高。例如，期望自己在学生面前扮演"全人"角色，久而久之，做人应该保持的质朴、坦诚、对人无防备等真诚的品质逐渐淡化了，结果一言一行很容易从这个角度的自我保护感出发来影响学生。

那么，教师怎样来培养自己的真诚并表达给学生呢？有以下一些技巧：

首先，自我接纳与自信。自我接纳是指教师自己有勇气面对进入自己的内心世界，去探索、了解自己的内心世界中软弱、阴暗和脆弱的地方。在这个接纳自己的过程中，我们可以对别人的内心世界感同身受，可以体验到每个人都有他的软弱、阴暗和脆弱的一面，每个人都需要得到外界的支持和宽容。这种通过进入自身内心世界，正视自己的内心世界的方法，本身就是一个真诚的品质在成长的过程——我们越是能够接纳自己内心世界中软弱、阴暗和脆弱等过去不愿去正视的一面，就越容易放下自我防御的面具，越能够在与人沟通时流露出源自内心深处的真实，也就越有人情味，越能够对学生产生感染力了。自信来源于对自己的了解和由此产生的安全感、自在感。当一个教师在心灵深处感到安全时，就不会耗费时间和精力来构建种种防卫面具，不需要伪装和防御，那么，自然地，他会给他的学生带来安全的沟通氛围，也就帮助了学生在这种人格力量的感染下接受他的正面影响了。

其次，在恰当的时候勇于向学生承认自己也有无知、犯错误、存在错误偏见的时候，有分寸地向学生承认自己不是一个完美无暇的人；因为接受了自己的不完美，也就可以接受学生的错误、

158

无知和不完美；这样的表达可以缩短跟学生的沟通距离。

再次，在与学生相处时，为学生事先制定教育计划时，要有明确的"教师意识"，但在对学生实施这些计划时，又要把自己当作是在与学生平等沟通的朋友。

最后，向学生表达真诚的自我体验，不是无条件自由地向学生"倾诉"自己的心态。如果说出来的亲身感受对学生没有帮助，就没有必要说出来。

第四节　接纳与尊重学生

心理学家卡尔·罗杰斯指出，在他的经验中，若咨询员尊重和接纳是有条件的，那么在他所不能完全接纳的事情上，来访者就无法做出改变。其实在所有的人际关系中我们只有对对方尊重和接纳，才会发生有效能的沟通。

在师生沟通中，教师对学生的尊重和接纳，具有特殊的意义。

一、接纳、尊重与教师的人生观

在传统的教育学和心理学中，对于什么是接纳和尊重有不少的论述，但是其多偏重于伦理学范畴的角度，即从教师职业道德的角度论述。至于教师究竟如何将接纳与尊重的品质贯彻在对学生的沟通中很少涉猎。我们认为出现这种状况，有一个重要的原因，是人们对于接纳和尊重的理解还停留在逻辑概念的层面。

如果我们进入心里沟通层面，就会发现在师生关系中，与其说是接纳与尊重是教师对学生的沟通态度，还不如说它们是一种

教师在哲学上的人生观。

在本质上，这种人性观倾向于"性善论"即相信每个学生都有无限发展的潜力，相信每个学生都可以通过教育和社会的影响，朝着美好的方面发展，相信教师对学生的良好沟通，会产生良好影响——不论这种沟通效应的发生会需要多长的时间。基于这种人性观，教师才会对为什么要尊重和接纳学生有深刻层面的认同，才会在教育工作中，真正做到尊重和接纳学生。我们可以想象，一个在人性观上不相信学生具有无限美好发展可能性的老师，就不可能从内心深处对学生产生尊重和接纳。

接纳和尊重是这样的一种心理品质：教师相信学生是一个有价值的人，并想尽一切办法让学生相信他自己是一个有价值的人，并帮助学生相信他的老师即使对他的某种行为和想法不认同，但是，他在老师眼里仍然是一个有潜力有价值的人。老师不要求学生先变得完美，先改正错误，然后才接受他，而是始终无条件地相信自己的学生有朝着好的方面发展的可能性，这是接纳较完美的品质。事实上许多学生在他们成长以后，常常会说是老师起初对他们无条件地接纳才让他们对自己产生信心，产生改变自己的动力。他们是在这种正面心态下才有真正的进步的。

因为，从以上的分析可以看出，教师对学生尊重和信任的程度，在于他对人性界定。

二、尊重与接纳学生的内涵

尊重与接纳学生是教师对学生爱的表现，也是教师对学生爱的能力的体现，当一个老师真正的爱一个学生的时候，也是他最相信学生有无限发展的可能性的时候，教师对学生的爱与教师对学生的接纳是紧密相连的。然而教师对学生的尊重与接纳不是对学生无理性、无信念的溺爱和迁就，恰恰相反，对学生真正的尊重和接纳包含了以下4个方面的内涵：

首先，对学生的尊重和接纳并不等于赞同学生的不良行为。一个学生作为一个人的价值与这个学生的不良行为是两个不同的区域，教师尊重与接纳的是学生作为一个人的价值。学生所做的一些行为可以不接纳、不赞同。

其次，对学生的尊重和接纳并不等于教师不能拥有自己的价值观和思考模式。尊重和接纳学生是指教师即使有自己的价值观和思考模式，但仍然给予学生一个自由表达自己的空间；即使学生还没有进步，但仍然给予学生鼓励进步的力量。

再次，尊重和接纳学生也意味着让学生在表达他们自己的内心世界时，不轻易下判断，不对学生随便地做出"好"或"坏"的判断，只是先进入学生的内心世界去无我地聆听，给予学生充分的宽容去表达和自我察觉。这个原则也可以通过在普通人际关系中运用的很成功的"沟通者誓言"来表现：

沟通者誓言

无论我是否同意你的观点，我都将尊重你，给予你说出它的权利，并且以你的观点去理解他，同时将我的观点更有效地与你交换。

最后，教师对学生不轻易下判断，给予学生充分的空间去表达自我的同时，在内心深处始终对学生未来的良性成长持积极的态度。

专栏 教师怎样与家长沟通

一个孩子的健康、健全成长，仅靠学校或仅靠家庭都是不够的：教师观察不到孩子在家的情况，家长也很难看到孩子在校的表现，需要的是两者之间的合力，教育才会有针对性和连贯性。应该说，这是校园人际关系中难度较大的一种关系。因为家长的职业不同、层次不同，教育孩子的观念也不同，要让他们都能与学校"步调一致"，真的很不容易。为培养创造性人才提供一个良好的大教育环境，教师与家长必须做到互相配合，和谐施教，共育新人。

一、"尊重"是教师与家长沟通的前提

尽管在教师与家长关系中，教师起主导作用，但他们在人格上是完全平等的，不存在尊卑、高低之别。因此，教师必须尊重学生家长的人格，特别是要尊重所谓"差生"和"不听话"孩子家长的人格。对教育过程中出现的问题，首先要从自己身上找原因，还要客观地分析问题的症结所在，公正地评价学生的表现和家长的家庭教育工作，与家长共同研究解决问题的方法。

教师不要动辄就向家长"告状"，不要当众责备他们的子女。作为教师，更不能训斥、指责家长，不说侮辱学生家长人格的话，不做侮辱学生家长人格的事。否则会造成教师与家长之间的隔阂甚至对立，还可能引起学生对家长或教师的不满，损害教师的形象，降低教育效度。尊重别人是自尊的表现，也是得到别人尊重的前提，正如常言所说："敬人者，人恒敬之"。

二、"家访"是教师与家长沟通的重要手段

每次家访最好事先与家长约定，不做"不速之客"，以免使家长因教师的突然来访而感到不自在。家访一定要围绕事先确定的目的进行，最好请任课老师陪同。一方面显得较有诚意与重视，另一方面也可以加强老师与学生之间的联系。教师在家访中要有诚心和爱心，讲话要注意方式，要多表扬孩子的长处和进步。如果教师对家长抱有诚心，对学生拥有一颗爱心，那么，家长必然会成为教师的朋友。切记，表扬学生就是表扬家长，批评学生就是在打家长的脸。

三、"倾听"是教师与家长沟通的艺术

任何教师，无论他具有多么丰富的实践经验和深厚的理论修养，都不可能把复杂的教育工作做得十全十美、不出差错。而且随着整个民族素质的提高，家长的水平也在不断提高，他们的许多见解值得教师学习和借鉴。加之"旁观者清"，有时家长比教师更容易发现教育过程中的问题。因此，教师要放下"教育权威"的架子，经常向家长征求意见，虚心听取他们的批评和建议，以改进自己的工作。这样做，也会使家长觉得教师可亲可信，从而诚心诚意地支持和配合教师的工作，维护教师的威信。

第九章　提升人生境界

人生应该如蜡烛一样，从顶燃到底，一直都是光明的。

——萧楚女

人生的价值，并不是用时间，而是用深度去衡量的。

——列夫·托尔斯泰

人不仅力求"活着"，而且力求"体面的活着""有意义的活着"，力求"过一种高尚的生活"。教育作为一种育人的事业，其价值不仅仅在于维持个体直接的生命活动，更在于使个体生活得更有意义、更高尚。教育的根本目的是促使人们"心灵转向"，就是要通过"教育力"将人们的精神或灵魂从"低处"引向"高处"，从"黑暗"引向"光明"，从"丑恶"引向"美好"，从"虚假"引向"真实"，从"意见"世界引向"理念"世界①。这实际上就是一个通过教育引导人生境界不断提升的过程。在这个过程中，教师扮演着非常重要的角色。

第一节　教师的人生境界

中国历史上有很多关于人生境界的不同学说。比如，儒、道、

---

① 《教育哲学导论》，石中英编，北京师范大学出版社，2002 年版，P125。

佛三家都非常重视人生境界，从不同的角度应用不同的标准提出自己的人生境界理论。

儒家的人生境界学说。纵观历史，无论是前秦儒家，还是汉代以后的儒家，包括宋明以后及至当今的新儒家，都非常重视人性的修养和人生境界的提升。孔子明确以"道德"为标准将芸芸众生划分为"小人"和"君子"两个境界，又把"君子"再区分为"仁人""贤人""圣人"等不同层次。其中"圣人""以天下为一家，以中国为一人"，可谓是人生的最高境界，很少有人能达到。

道家的人生境界。与儒家的人生境界学说不同，道家不是要教育人经世致用、成贤成圣，而是教人"超名实而任自然"，成为"真人"或"至人"。"真人"是道家最高的人生境界。这种"真人"境界是庄子说的"天地为我并生，而万物与我为一"的境界，也就是老子所向往的"婴儿"境界，无知无欲、无争无执、见素抱朴、无为而为。

佛家的人生境界说。佛家是以人生有没有摆脱轮回转世的痛苦为标准，来论述人生境界的。佛教认为，人生的本像是"痛苦"，导致痛苦的根源是"欲望"。因此，人生要想真正地摆脱痛苦，就必须彻底驱除欲望。那些真正达到这种状态的人就达到了人生最高境界——涅槃。涅槃是一个很难说清的概念，佛陀本人也拒绝给他一个正面的描述和阐释。从资源学上看，它的意思是"吹灰"或"熄灭"。从其隐身的意义上看，他的意识是"圆寂"或"圆满"，即造成人生痛苦的私欲都消灭净尽，一切束缚生命的东西统统不存在了，生命之花像无限的宇宙一样绽放。

因此，中国历史上的儒、道、佛三家都强调人生境界的提升，但其根本目的有所不同：儒家强调人生境界的提升是为了让人们经天纬地、建功立业；道家强调提升人生境界是为了让人们见天知性、返璞归真；佛家强调人生境界的提升是为了教育人们破除障碍、追求圆满。然而，儒道佛三家在人生境界学说中也有一些地方是相同或相似的地方，如都认为人人可以不断地提升自己的人生境界，都强调主观自觉和刻苦努力在提升人生境界中的核心作用，各自的人生境界学说都与日常生活修炼有着密切的关系等。

现代学者也对人生境界有所诠释。国学大师王国维总结自己的人生境界："昨夜西风凋碧树，独上高楼，望尽天涯路。"此第一人生境界也。"衣带渐宽终不悔，为伊消得人憔悴。"此第二境界也。"众里寻他千百度，蓦然回首，那人却在灯火阑珊处。"此第三境界也。近代哲学家冯友兰先生跟军人对于其所做的事情的"觉悟"程度，将人生划分为四个境界："自然境界""功利境界""道德境界"和"天地境界"，则很具有现实意义。在它看来如果一个人做事情只是出于"本能"或"社会风俗习惯"，没有或很少有自己的觉解，那么他的人生境界就处于"自然境界"；如果一个人做事情是出于自己的功利要求，那么他的人生境界就是"功利境界"；如果一个人做事情是出于服务社会，具有严格的道德意义，那么他的人生境界就是"道德境界"；最后如果一个人做事情符合宇宙的法则或人类的利益，那么他就达到了最高的人生境界——"天地境界"或"哲学境界"。

可见，人生境界有两层含义：一是，"人的内在的精神修养所达到的水平和境界"，或人性所能达到的高度；二是人生活于其中的"心境"或"意义领域"。今人多在前一层意义上理解和使用"人生境界"，忽略了人生境界不仅是人力求达到的某种"高度"，而且也是人愿意生活其中的一种"状态"。不管如何，人生的境界关涉到人的精神境界或心里世界。人微言轻、家境贫寒的人也未必没有高尚的灵魂。遗憾的是，在日常生活中，人们常常以世俗的功名来兑换人生境界。这是人的堕落，而不是人的提升。教育的根本目的之一应该是不断地提升人生境界，而不是引导人们的灵魂走向堕落。

教师作为社会人、教育的主体，有着与其他人一样的人生境界，关键是怎样达到不同的人生境界。教师的职业也可以分为三个层次的境界，即：生存境界、责任境界和幸福境界。

第一个层次，教师把工作当作一种谋生之路。他之所以勤勤恳恳、任劳任怨，认真备课、上课、批改作业、辅导学生，是因为他害怕下岗、丢饭碗，也就是说，仅仅是为了生存。

第二个层次，教师把工作当作是一种职业。因此，他努力工作仅仅为了"践责"：因为我是教师，所以就应该做教师应该做的事情。

第三个层次，教师把教育当作一种生活艺术。所谓艺术，就是可以醉人而不知，可以育人而不觉。此时，教育工作融进了他的生命，他不再有工作之苦、践责之类，不是出于生存的压力，不是出于服从义务，而是为了表达生命、享受幸福。

教师作为一种职业，首先是谋生的手段。但是，一个教师能紧紧把自己的工作当作谋生的手段。与自给自足的生活方式不同，自从有了社会职业的分工，从事职业生产的人就不仅是为了自己

的生存而劳动，他们担负起了更大的社会责任。教师在自己的职业中不仅可以养家糊口，也可以满足自己的高级需要，获得成就感、幸福感。教师是完全有理由感到幸福的。教师的幸福表现在教育过程的方方面面：从学生对教师的真挚情感中；从同事之间相互学习、共同提高的融洽的人际关系中，同样可以感受到美好的归属感和幸福感。

对教师职业而言，最根本的幸福主要源于两个方面。首先，教师在创造性的处理课程、教材过程中，能够体现到成就感和幸福感。其次，教师的幸福体现在学生的健康成长上。教师通过教育，将自己"拷贝"到学生身上，将自己的本质外化成无数的体外自我。教育的中介虽然以教师的隐退为标志，但教师的身体可以退出教育过程，但精神却永远融入了学生的心灵，滋润着学生的未来生活。孟子把"得天下英才而教育之"当作人生三大快乐之一，大概也是出于这种理解吧。

第二节　为所当为

人生在世，每个人都希望有所作为，实现自己的人生抱负、理想和价值，所谓"雁过留声，人过留名"，就是此理。而实际上，大多数人都是在冥想和幻想中虚度光阴，而不去采取实际行动，以至最后一事无成，给自己的人生留下无限遗憾。现实生活中大多数时候，我们所面临的事都是可以控制的，能做的。"为所当为"就是要求我们要"不断做点什么"，把注意点放在做好自己该做经过努力能做好的事情上，以新的成就获得新的自信；

不仅用脑筋去理解，而重要的是通过实践行动去理解、体验，通过行动，不断做出成绩，不断积累、沉淀，步入更高的人生境界。如果仅仅思考，则什么也不会发生，相反会给自己带来烦恼和焦虑。

首先要在"为所当为"中改变自己。"为"即作为，"为所当为"始于"为"终于"为"。它是对人对己都有好处的建设性行为，同时为所当为的行动和结果又会自然而然的引领教师走出心理困惑。比如，Z老师是一所普通中学的老师，6年前由一个城市调入另一个城市，接手了一个初三的普通班，由于学生的能力差异很大以及Z老师的工作环境刚刚发生变化，他这个班的中考成绩不理想。这一结果给Z老师的心里带来了极大的压力，在他接手第二个初一班级时，甚至有家长直接问了其上一个班级的成绩，对他表现出极大的不信任和不满意。但他不去做过多的辩解，也没有气馁，顶着压力努力钻研教学，总结经验教训，运用教育策略，加之已经熟悉了当地教学，班级管理得井井有条，成绩蒸蒸日上。渐渐地，学生、家长和领导都转变了对他的最初看法，他用自己的行动为自己赢得了尊重和成功。所以说，用行动来改变自己，是"为所当为"的核心。

"为所当为"能够使教师发扬性格中宽广和态度积极的长处，能够让当事者对许多原来看不于的事情有新的认识和看法，使教师学会永远往前看，向积极的方向看。同时，"为所当为"使当事者获得了自尊心的满足和自信心的增强。通过为所当为，教师会取得新的成绩，新的成绩的取得在一定程度上可以重新使教师获得新的自尊和自信心。这种自信心不但可以使教师淡化曾经的

挫折，而且也有利于他人用新的评价取代原有的评价进而实现良性循环。这样，教师哪怕获得一次小小的成功，就会给他继续追求的力量。

其次，在"为所当为"中成长。教育是平凡的，"为所当为"就是要求教师把这些小事情做好，并且愉快地去做。作为一名老师，每天做的大抵是这样的一些小事：早上到学校，进班级，看看学生是否到齐，谁没来，是什么原因；收上家庭作业，谁没及时交，为什么；批改家庭作业，谁错了，为什么错了；晨读开始，尽管有学生组织，但还是要去看一下，看看学生表现怎么样；回顾一周班级常规管理考核情况；下课了利用课间和学生交谈几句，对课堂作业有问题的学生点拨一下；有了时间，可以想想明天的课要怎么上，或者备课，情况好的时候，可能办公室的几个人要扯一些教育轶事或趣闻；如果有学生吵架或调皮，需要去调节；批改课堂作业，可能一边批改一边记录错误和优秀的案例；上网浏览新闻，学习或查资料；收集一些试题，布置家庭作业；提醒学生做作业态度认真，不会可以询问老师。也正是因为这些事情都是小事，每个教师，只要投入工作，都能把这些小事情做好，做到位。每一个把这些小事做好的老师，就是中国教育的脊梁。因为真正的教育，能影响儿女的教育，往往就蕴藏于那些很小的小事之中。一次简短平和的谈话、一个举动、一个眼神、一个期望、一个微笑，其间包含着教师浓浓的真情，传递出师生间短距离交流的火花。把这些事情都做好，琢磨好、处理好，就是教育艺术，是在做真正的教育科学研究。

世上或许就没有那么多惊天动地的伟业给我们做，等待教师做的也许都是看上去的小事情。一个真正做大事的人，当他做大事的时候，一定会觉得象是在做一件小事情，举重若轻，这才是真正做大事人应该有的风范。而这样一种意志和能力，正是集腋成裘、聚沙成塔般积累而成。"为所当为"，坚持做好这些平凡的小事情，一天一天，一点一滴，你已经成为一个令人尊敬的优秀教师。

其次，努力在"为所当为"中走向成功。"为"不只是"为"应该做的，而是要"为"能做的，做富有挑战的事情。只有这样，我们才能真正发挥自己的潜能，走向成功。在教育教学中，要始终树立终身学习的意识，不断学习和充实自己，提高自己的教育教学素养和运用现代教育技术的能力，使自己适应教育改革与发展的需要，同时，提高教育和管理学生的能力。今天的学生更具有主动性、能动性和创造性，他们思想活跃、个性张扬，这些增加了教师与学生交流和沟通的难度。对于很多老师来说，教育和管理学生成为了挑战。这更要求教师研究学生，改变自己的学生观念和教育教学方法，努力学习心理咨询的方法和提高技艺，真正能走进学生心灵，影响学生的思想和行为。

最后，要敢于做别人不敢做的事。面对一项实验，能勇敢尝试；请你上公开课，能勇敢地承担；请你在大会上交流，能勇敢地答应；有征文比赛，能勇敢地参加；交给你一个不好带的班，能勇敢地接受。每一次担当，或许都是一次阵痛，但同时也是一次无可抵挡的成长。不少青年教师工作多年，最怕公开课和写作。遇上科研课、公开课，推三阻四。课堂之于老师，犹如舞台之于演员，一个教师，对课堂应该有着一种展示的冲动和欲望，有此

情结，教学才会给人以美感和幸福感。一个畏惧课堂的老师，即便他逃避了一次又一次的研讨课、公开课，也逃不掉每日都有的家常课，他也必定体验不到那种教学激昂的乐趣和幸福。虽然有失败的可能，但一个人只有袒露自己的丑陋的一面，别人才能真切地看到你需要雕琢、修正的地方、唯有此，才能真正的进步。要知道，掩饰缺点，恰恰是在不经意中大量地繁殖缺点。

第三节　淡泊宁静

人们都让我们学会坚强，但是有一种哲学教我们柔弱。社会要我们追求完美，但是有一种观念让我们抱缺守拙。这就是无为，就是淡泊宁静。

淡薄，作为一种人生态度，表现了一种超脱，是一种人生境界。所谓"非宁静无以致远，非淡泊无以明志"，深刻地表现出了豁达与超脱——不为眼前名利烦恼，安心做好自己的本职工作，以求精神的充实与宁静。宁净是一种平和的心态，是对各种变化的认可和适应。宁静有助于精神达到真正的放松，有助于灵感激发，有助于人的灵魂净化和境界提高，有助于达到忘我状态。

一段时间，在老师中间流传这样一个短信："教师人生写照：教得比驴累，混得比猪惨，起得比鸡早，环境比矿工还差，权利比狗还小，挣得比民工还少，看着比谁都好。"这则短信对教师生活的表述可能言过其实，但却反映一部分教师对自己的生活、工作状况的不满。的确，当前教师的现状还有诸多令人不满意的地方，教师的回报与应有的或预期的还有很大的差距。教师不可能大红大紫、风光无限、不可能轰轰烈烈、气壮山河。教师的命运，注定要与清贫与奉献为伍。在教室这个岗位上，没有令人羡慕的地位和权力，也没有悠闲自在的舒适和安逸，有的只是默默地付出和贡献。但这一切是痛苦、烦恼、哀怨、愤怒能改变的吗？作为生活的智者，教师要努力去适应环境，保持淡泊宁静的心态，耐得住寂寞，清淡无欲，平淡对待得失，冷眼看繁华，成功时不张狂，挫折时不失落，在平凡中明确自己的志向，默默中献身于教育。

一、在淡薄中走出浮躁

浮躁就像是梅毒一样弥散在 21 世纪的天空，日益侵蚀着我们。时代的列车在加速，信息与知识在爆炸，生活节奏在加快，世界越来越精彩，可以追求的可以享受的东西越来越多。但是，人的生命是有限的，这就更使人感到人生苦短，想走出捷径，甚至想飞起来，一夜成名，一招富贵。能耐得住寂寞坐冷板凳潜心读书的人，能不畏浮云障目而咬定目标不放松的人，能悠然自得地去欣赏日出日落欣赏花开花谢的人，实在是没有几个了。

书越来越多，但是经典越来越少；名人越来越多，大师越来越少；文凭学位越来越多，知识含量越来越少；参加考试的人越来越少，真正读书的人越来越少；知识传播的渠道越来越多，内容却越来越单薄……急功近利小小浮躁的情绪充斥了社会的每一个角落，历来被认为是最高雅的文化领域也不能幸免。书店里大量的《考试必备》《应试指南》和各种"速成"之类的东西花样翻新。用身体写作的"美女"们几乎要比过巴金和茅盾。社会也

提升人生境界

第九章

越来越不崇尚读书。据统计，我国国民一年的阅读量是 0.7 本，而日本则有近 40 本，俄罗斯每 20 人拥有一套《普希金全集》，韩国人常以书柜代替酒柜。但是放眼看国人，很多人看到书店没有踏进去的习惯，反而逛商场情有独钟；买书觉得贵，但是吃一次大餐却不会计较要花多少钱。有一篇文章说："当今世界可以用两句话来描述：从空间上说，地球在变小，从时间上说，地球在变快。"变小就使人感到拥挤，变快就使人感到匆忙，或许这就是当今浮躁的原因。

在应试教育、功利主义、分数至上的教育悲剧时代，教育正在异化为某些集团或集体谋取利益的工具。一些教师也在浮躁、倦怠、茫然、因循、苟活、敷衍、得过且过，很多热衷各种评比、比赛或者课外创收。家长则热衷各类兴趣班、特长班，热切地望子成龙、望女成凤。生活在文化的伊甸园，作为教书人，教师不读书或者不读与教育有关的书的现象已经比较普遍。

二、在宁静中拼搏奋斗

宁静淡泊不是消极等待、浑浑噩噩、虚度光阴、享受安逸，而应该成为心灵和肉体的磨炼，有如毛毛虫退茧化蝶的前奏，它将是另一种生命的开始。鲁迅说，不在沉默中爆发，就在沉默中死亡。宁静淡泊应该是在沉默中继续爆发的力量。

生物学家做过实验，同种生物放在两种不同的环境中，一种是非常舒适的环境，一种是通过努力才能取得事物的环境，其结果是生活安逸的生物不是早死就是病死。人也是一样，凡是那些在艰苦环境中成长起来的人，都比较坚强、有活力并能取得成功；

而在舒适安逸环境中成长起来的人，通常都比较脆弱。事实就是这样，越怕吃苦，就越必须吃苦。不怕吃苦的人，其实多半会通过努力克服眼前困难，今后就不再吃苦。当晚年的时候，回头回忆那段奋斗的岁月，还会发现，那段日子才是人生最有滋味的日子。

在绝境和安逸面前，大多数人都会选择安逸，却不知道安逸了，也就退化了，驻足不前了。想想真的是这样，学校参加某公开课活动，要派人上公开课了，你不想去，他不想去，最后某人去了，大家觉得这个人真是倒霉，"我"可以解脱了。学校要参加某教育教学研讨活动，学校有教师代表发言。你推他，他推你，推来推去，敲定了一个人，这人困苦了好一阵子。这么苦累了三五载，当年那个黄毛丫头或小子，居然从人群中冒出来了，成了名副其实的佼佼者。年轻的时候吃点苦不算苦，而是一种锻炼、一种成长，错失这个生命最结实最富耐力的世界，人就长不大了，成不了才了。新东方学校的俞敏洪先生说："艰难困苦是幸福的源泉，安逸享受是苦难的开始。"教育工作弹性很大，一天的工作量，用三五小时能做，用 8 个小时能做，用 12 小时也能做，你选择安逸的三五小时，时间会给你带来严厉的惩罚；你选择 10 小时甚至 12 小时的潜心研究，时间会给你带来温馨的奖励。

三、在宁静中忍受寂寞和孤独

成功需要储备，成长需要忍耐。真正的成功路遥远而艰辛，只有储备充足，走的才远，胜算把握才大。如果没有储备足够的

衣物，或许走到半路，就有饿死冻死的危险。人的成功是一种自我价值的实现。这种自我价值的实现是艰辛的，是一个勤奋努力工作，用自己的能力干出一番周围人认可的成绩，并获得大家尊重的过程。谁都无法跳跃艰辛。如果你想跳过，你得到的最多是表面上的尊重，背后却是不屑一顾和鄙夷。教师的力量成长，既要抗得住教育探索的艰辛，又要耐得住教育研究的寂寞。一个真正的教师，他会沉浸在一味寂寞无聊之中，乐此不疲。不管是新新人类时代，还是太空时代教育都要拒绝浮躁，要静下心来。任何虚浮的行为，只能导致教育的失误乃至失败。

青年教师的成长，大都离不开各级各类的教育评比。应该说，在竞赛中锻炼青年教师，让优秀青年教师脱颖而出，是好事。辩证法告诉我们，好事也会带来坏现象。论文请人替写，赛课请人设计、通过关系笼络评委的事情，真实地存在着，并且，这种不公正、不公平将在今后一段时间内继续下去。但我们不要羡慕这种捷径式的"成功"，天下没有免费的午餐，走了这条虚浮之路的人付出的代价是他们注定不会脚踏实地地走得远的。很多走了捷径的教师，实际上是踏在了"荣誉"的高跷上，看似高了、大了，其实再也跑不起来了。像游泳，只有靠自己游出水面的人，才是真正的会游泳的人，那些依靠救生圈在水面上"自由"嬉戏的人，身边实际上潜藏着巨大的危险。靠自己的力量成长起来的人，才真正能走向成功。钱可以给，资金可以借，但是教育是学问，是研究，学问和研究无法借、无法给。教师成长，取决于自己的心态和作为。只有务实肯干、积极进取、开拓创新，才会在现实的土壤中找到自己的生长点，寻找到通向成功之路。

所以，教师需要养一些静气，要尝试摆脱浮躁，多读些书、多做些思考，宽容一点，智慧一点。就像有句话说的："静下心来，受益的是学生，受益的是你身边的每一个人，而最终受益的是你自己。"

专栏 乡村女教师王艺平

开学前夕，记者慕名来到太行山深处的山西省盂县南村小学，采访被山西省推荐为"2007 年全国优秀教师"的王艺平。此时，学校正忙着做开学前的准备工作，经校长多方联系查找，记者终于在"留守儿童"梁德喜家见到了她。

王艺平，33 岁的年龄，13 年的从教经历，13 年的不懈努力。热爱教育事业，立志做一名优秀教师是王艺平的人生梦想。人生梦想的实现包含了她无数成功与失败、痛苦和欢乐，奋斗与追求。教书育人是她最高的人生境界，为此，王艺平坚守自己的理想信念，朝着自己的人生目标在永不懈怠地追求……

父亲、妹妹、弟媳，王艺平一家四人从教，当教师的父亲使她从小对教学耳濡目染。考学校，她毫不犹豫地选择了师范；毕业后，她选择了到农村学校任教，全身心投入到自己从小就向往和热爱的教育事业上，全身心地追逐着自己的梦想和希望。当教师的第二年，她就被评为"盂县模范教师"。

王艺平能歌善舞，教学工作之外，经常被邀请参加各种社会活动。教语文出身的王艺平有着一口标准的普通话，让你看不出她是当地人。每逢县里举办文娱活动，她是必不可少的主持人，她说这仅仅是"业余爱好"，尽管教育局曾经想调她到县教育电

视台担任节目主持人，可她没有动心。她说："我爱孩子们，我不愿意离开这个岗位。"

王艺平在从教生涯中遇到疑虑和困惑时，她便向一生从教的父亲请教。父亲曾对她说："教育人是学问最深的职业之一，当一个好教师并不容易。"她牢记父亲的教诲，力争做一名好教师，工作中不敢有丝毫懈怠。

王艺平刻苦钻研业务，努力掌握最新的教育理论，开阔视野，用教育理论丰富教学实践，不断提高自己的教学水平。近几年来，她一直承担着市、县教研室的观摩研讨课，形成了自己的教学特色和风格。

她大胆创新，不断更新教学观念，改进课堂教学方法，在课堂教学中树立"尊重"意识，构建新的教学模式。

日常教学，循环往复，看似平常。王艺平始终在研究探索教育教学的奥妙。她带着一种使命感和责任感去从事教学改革，她认为教学只有兴趣是绝对不够的，必须要有对学生负责的态度才能不断提高教学水平。她认为教师必须研究每一个学生，掌握每个学生的特点，才能做到因材施教。

王艺平不仅注重营造和谐的师生关系，而且注意做好与家长的沟通联系。她认为学校教育离不开家长的支持，只靠单方面的努力是不够的。针对现在独生子女优越感强、不爱劳动、学习缺乏主动等特点，她无数次登门与家长沟通，取得家长的配合。她撰写的论文《现代家庭教育存在的问题》一文在全国校园文化建设评比活动中荣获二等奖。

王艺平讲师德，不断提高自己的品德修养。校长介绍说，她班上有一名学生因家庭生活困难，入秋了还没有穿上绒裤，上课间操冻得直打哆嗦，她就用自己的工资为她买来了衣服；离异家庭的孩子她更是时刻挂在心上，为他们集体过生日，并用自己的钱买来生日蛋糕；下岗职工的子女参加学校艺术节买不起服装，她就主动解囊相助；学生在校突然得病，是她背起送到医院……

　　作为一名青年教师，王艺平所取得的成绩是令人欣慰的，这些都给予了她更大的鞭策和鼓励。她谦虚地说："在千千万万的教师中，我不算出类拔萃的，很惭愧，我与一名优秀教师的称号还有很大距离，也仅是刚刚起步，我只有不断努力工作，才对得起这份荣誉。"

——中国教育在线

第十章　教师需要心理按摩

健康是生活的出发点，也就是教育的出发点。

——陶行知

世界上最浩瀚的是海洋，比海洋更浩瀚的是天空，比天空更浩瀚的是人的心灵。

——雨果

世界教师组织联合会指出："任何一个国家的教育素质，有赖于教师的素质。"一个民族的兴衰，是与整个教育息息相关的，而施教的主体——教师又是教育的关键。现今提倡素质教育，其重要的方面也在于提高教师的素质。对教师的素质一方面要求有一定的文化水平，具备所教学科的专业知识素质，另一方面也要具备青少年心理学及教师心理学的素质。

第一节　健康与心理健康

一、什么是健康

问到什么是健康，很多人会脱口而出："没伤没病，能吃能睡就是健康。"显然，他们关注的是肉体机能的正常，而忽略了一个无比丰富、精神微妙而十分脆弱的内心世界。这一个片面的观点正反映出很多人的生活水平仍处于较低层次。随着生活水平的提高，健康的内涵是在不断丰富的。

早在1948年，世界卫生组织（WHO）就给健康下了一个科学的定义：健康是一种生理、心理和社会适应都完满的状态，而不仅仅是没有疾病和虚弱的状态。因此，健康包括生理、心理和社会适应三个方面，三者是相互影响的。生理健康的人更有可能有良好的精神面貌，并很好地适应环境。而身体不健康的人，则有可能敏感、多疑、抑郁，进而引发心理问题。反过来，心理对生理也有很大的影响。我国古代中医认为"怒伤肝""喜伤心""思伤脾""忧伤肺""恐伤肾"。又因为心脏为五脏六腑之首，所以喜怒忧思悲恐惊七情，任何情志失调，都可伤及心脏，而心伤则会连动起其他脏腑功能的失调。现代医学研究表明，人的很多生理问题都和人的心理尤其是情绪相关。美国一家规模颇大的综合医院，对来门诊看病的患者进行随机研究，得出的结论颇为惊人，65%的发病原因是与社会逆境有关，诸如事业失败、婚姻受挫、蒙受屈辱、职务下降、财物被盗、经济困难、人际关系紧张等等。美国另一家医院则调查发现，在500名胃肠道患者当中，由心理因素，情绪状态引起的高达74%。一位医生曾调查过250名癌症患者，发现156人在患癌症之前遭受重大精神打击。于是他得出一个结论"压抑情绪容易致癌"。

同时，生理、心理健康更有可能适应社会，反过来能适应社会又会促进生理、心理健康。

对于具体的健康标志，世界卫生组织提出了除了众所周知的没有病理改变和技能障碍外的具体细则：

1. 有足够充沛的精力，能从容不迫地应付日常生活和工作的压力而不感到过分紧张。

2. 处事乐观，态度积极，乐于承担责任，事无巨细不挑剔。

3. 善于休息，睡眠良好。

4. 应变能力强，能适应外界环境的各种变化。

5. 能够抵抗一般性感冒和传染病。

6. 体重得当，身材均匀，站立时，头肩、臂位置协调。

7. 眼睛明亮，反应敏锐，眼睑不易发炎。

8. 牙齿清洁，无空洞，无痛感，齿龈颜色正常，无出血现象。

9. 头发有光泽、无头屑。

10. 肌肉、皮肤有弹性。

二、心理健康

第三届国际卫生大会（1946）指出：心理健康是指身体、智能及情感上在与他人不相矛盾的范围内，将个人的心境发展到最佳的状态。一般来说，应从以下 3 个方面理解心理健康：

第一，自身的心理健康不能伤及他人，也就是说一个人的幸福如建立在别人的痛苦之上，危害社会、损害他人利益的自我实现是不道德的。

第二，现实生活中，大多数都是处于亚健康状态，即处于健康和不健康之间的一种中间状态。很多人能够正常的学习、工作、生活，其实隐藏某些心理疾病，如不及时得到疏导，假以时日，在一些偶然事件的诱发下产生严重的心理和行为问题。有的伤害他人、自虐或自杀现象就是这样产生的。

第三，心理不健康是动态的，就像感冒一样，人的心理会在健康和不健康波动，因此不能轻易说某个人心理不健康。人的心理和生理一样也是有免疫力，人有能力自己解决一般的心理问题。比如，死亡对每个人都有恐惧，但极少有人生活在死亡的恐惧中，这是人类在千百年的进化中形成的心理免疫能力的缘故。当然，人的心理免疫能力有差异，同样一件消极事件对人的影响是不同的。

心理健康的标准没有统一的说法，探索人类心智奥秘的拓荒者弗洛伊德将心理健康归结为爱与工作的能力。他还在一部著作中列出心理健康的人的一些共同特征：

1. 保持理智与平衡。

2. 具有自我价值感。

3. 具有爱的能力。

4. 具有建立和维持亲密关系的能力。

5. 能接受现实中的各种可能性和局限性。

6. 对工作的追求与自己的天资和教育背景相适应。

7. 能体会到某种内心的宁静与幸福感，让自己觉得此生没有虚度。

关于心理健康标准，各国专家有不同的理论依据和具体标准，而我国根据国情和社会经济发展的需要，根据最新国内的研究结果，我们认为心理健康的主要特征应包括以下相互联系的八个方面：

1. 智力正常

能正确、客观地认识自然和社会，头脑清醒，能以积极正确的态度面对现实的问题、困难和矛盾，既不回避也不空想。智力包括观察力、记忆力、注意力、思维与想象力以及各种操作能力等等。

2. 情绪反应适度

情感表现乐观而稳定，心胸开阔，对一切充满了希望。既不为琐事耿耿于怀，也不冲动莽撞，能保持平常心，以愉悦的情绪去感染人。

3. 意志品质健全

对自己的言行举止表现出一定的自觉性、独立性和自制力，既不刚愎自用，也不盲从寡断；在实践中注意培养自己的果断毅力，经得起挫折与磨难的考验。

4. 自我意识正确

有自知之明，在集体中自信、自尊、自重，少有自卑之心，也不傲视他人；对自己的优缺点有正确的评价与要求；在实践中不断开发自己的潜力以实现自己的理想与人生价值。

5. 个性结构日趋完善

个性是一个人经常的、本质的和别人相区别的心理特点的总和。它包括心理倾向性（如需要、动机、兴趣、意志、人生观等），个性心理特征（如能力、气质、性格等）。人的生活条件、受文化教育影响、从事的生产与社会实践越是优越、丰富、完善，人的个性结构的日益完善也就有了保证。目前整个教育系统都在进行着全面的改革，重视把青少年从以往的应试教育转向全面的素质教育，这就为人的个性结构的日趋完善创造了更好的条件。

6. 良好的人际交往

良好的人际交往表现为乐于和善于与人交往，能和大多数人建立良好的人际关系，重视友谊也不拒绝别人的关心与帮助。与人相处时积极态度（如热情、坦诚、尊重、信任、宽容、融洽）多于消极态度（如忌妒、冷漠、怀疑、小性、计较）；在新环境中能很快地适应，与他人打成一片。

7. 行为得体

生活态度积极，珍惜一切学习与工作的机会，行为上表现出独立自主，不以他人的好恶作为个人行为的依据，既不盲从，也不受诱惑，能做到有所为有所不为。

8. 反应适度

对外界事物的反应和活动效率是积极、主动而富有成效。不冲动、毛躁，也不敷衍塞责。

第二节　教师心理健康的维生素

心理健康是人生活、学习和工作积极性的基础，是一个人全面健康发展的较为重要的组成部分。教师心理健康是教师完成工作职责的前提条件，教师职业的特殊性决定了教师必须具备比常人更好的心理素质。

一、教师心理健康的重要性

许多学者认为，心理健康是教师素质的重要组成部分，教师心理健康的促进是实施素质教育的关键；一方面，健康的心理是

教师良好身体素质的必要条件，心理上的健康会有效增强身体机能进而促进生理健康；另一方面，教师心理健康与其工作积极性、创造性因而与其事业成就密切相关。只有教师处于积极、健康的心理状态，才能充分发挥其主动性与创造性，积极投入工作，充分发挥其潜能，因而取得令人满意的工作效果。

教师心理健康是促进学生心理健康教育的保证，只有健康心理的教师才能培养出健康的学生。教师心理健康直接影响学生的心理健康、学生的社会性和人格品质的发展。只有心理积极、健康的教师，才能创造出一种和谐与温馨的学习气氛，使学生心情愉快；如果教师情绪紧张、烦躁、忧郁会产生一种紧张与压抑的学习气氛，使学生惶惑不安；教师存在心理情绪问题及其导致不适宜的教育行为也会直接伤害学生的自尊心、自信心，使学生过度焦虑、压抑或抗拒、逆反，进而影响学生人格、情感的健康发展，并极易导致学生丧失学习兴趣和积极性，丧失学习与行为努力的动机与进取心，因而直接影响学生的学习过程和效果。

此外，教师心理健康还直接关系到教师能否拥有健康、幸福的人生。因为教师心理健康会直接影响教师的人际交往态度与行为，影响其师生关系、同事关系，而且还会影响其家庭关系、家庭生活氛围与质量。教师良好的心理健康状况是教师职业规范的需要，更是教师个体发展和自我追求的需要。教师是人，既然是人，就会有各种各样的心理失衡问题，如果这些问题不能及时有效地解决就会产生心理疾病，教师一旦患有心理疾病就会产生负面影响，对教育事业不利。由此可见，教师的人格特征和心理健康状况会直接或间接地影响学生及其他教师的心理与行为，而且对教师个人工作的成败、对学校教育教学质量的提高具有极其重要的作用。

二、教师心理健康的标准

教师职业对教师心理健康水平的要求是较高的。教师的心理健康除了有与其他职业的人共有的心理健康标准外，还有自己职业的特殊性。当前教师心理健康的标准是什么尚无明确、统一的说法。许多学者根据不同依据和从不同角度提出了不同的标准。如有的认为，教师心理健康的标准应当包括：对教师的角色认同，有良好的、和谐的人际关系，能正确了解自我、体验自我和控制自我，具有教育独创性，在教育活动和日常生活中均能真实地感受情绪并能恰如其分地控制情绪。[①] 有的则认为，教师的心理健康标准是热爱教师职业、和谐的人际关系、正确地认识自我、坚韧与自制、有效调节不良情绪、好学与创新。[②] 有人通过对教师心理健康的内隐观研究，认为心理健康的教师应当具有下面的6个特征：（1）与道德品质有关的特征：奉献精神、良好道德品质、诚实守信、有爱心；（2）与人际关系有关的特征：开朗乐观、宽容随和的良好人际关系；（3）与责任感有关的特征：有责任心、待人处事公平；（4）与自我效能和情绪有关的特征：良好的适应性、良好的自我调节能力、有自信心、自我评价客观正确、冷静理智、坚毅有恒心、情绪稳定有耐心；（5）与创造性有关的特

---

① 《论教师心理健康及其促进》，俞国良、曾盼盼，载《北京师范大学学报》（人文社会科学版），2001（1）。

② 《教师心理健康的标准和对策》，孙铭钟，载《应用心理学》，2003（1）。

征：富有想象力、敢于创新、风趣幽默、兴趣爱好广泛；（6）与工作态度和素质有关的特征：积极进取、敬业爱岗、工作认真踏实、文化素质良好。①

综合上述众多学者对教师心理健康标准的界定，我们认为，教师心理健康的标准应当包括以下几个方面：（1）角色认同，能积极投入到工作中去，勤于教育工作，热爱教育工作；（2）正确的自我意识，能正确地了解自我、体验自我和控制自我；（3）融洽的人际关系；（4）良好的自我调节能力，有较强的适应能力和活动能力；（5）具有教育独创性，在教学活动中不断学习、不断进步、不断创造；（6）能运用有效合理的方式解决工作、生活中遇到的困难和挫折；（7）有健全的人格。

三、教师心理健康不良的主要表现

教育是一种社会现象，教师首先是社会的人，教师所从事的教育活动以及教师个人的所有物质生活和精神生活，都不可能脱离社会生活，影响学生及其他人心理健康的社会因素也同样影响着教师，而且，教师的阅历更广，思维的独立性更强，人际关系也较复杂，再加上工作压力及家庭负担等，教师中存在不同程度的心理问题也是很自然的。教师劳动的特殊性带来的角色模糊、角色冲突、角色负荷过重，使得一些教师感到压力和紧张；"教师是太阳底下最神圣的职业"，社会对教师的期望是为人师表，面对聘任制职称评定，奖惩考核，教师常常不得不掩盖自己的喜

---

① 《教师心理健康内隐观研究》，边玉芳、藤春燕，载《心理科学》，2003（3）。

怒哀乐；科学的发展，学生获取知识和信息渠道的多样化，加之社会价值的多元化，教师的权威性受到挑战，教师的身心健康正面临着巨大的压力和挑战。

国家中小学心理健康课题组对辽宁省 14 个地区 2000 多名教师进行了抽样检测，结果有 51% 的教师存在心理问题，其中 32% 的教师属于轻度心理障碍，而 2% 的教师已构成心理疾病。如有的教师因为心胸狭窄与同事过不去而人际关系紧张；有的教师因工作上遇到困难，便开始对自己的工作厌恶，想要跳槽；有的与学生关系紧张，失去理智，对学生大打出手；有的教师因家庭、感情等原因做出一些不理智的行为。影响教师心理健康的因素主要有几方面：（1）来自家庭的压力；（2）教学工作中的压力；（3）育人工作中的心理压力；（4）经济方面的压力；（5）人际关系方面的压力。一幕幕悲剧的上演，大部分程度上并非悲剧中的教师品质恶劣，而是他们自身的心理上存在障碍，却被自己、学校及社会所忽视。

教师的心理问题在职业上主要表现为：单调、无聊、缺乏工作热情和创造性、懒散、沮丧、担忧、焦虑、没有成功感和成就感、难以控制自己的情绪尤其是愤怒。

从整体上看，教师的心理健康状况的不良表现主要在以下几个方面[1]：

1. 躯体化。主要反映身体不适，包括心血管、胃肠道、呼吸和其他系统的不适。头痛、悲痛、肌肉酸痛以及焦虑等其他躯体

———————————

① 《中国教育报》，2002 年 6 月 18 日第 6 版。

表现。

2. 抑郁。主要表现为心境苦闷、生活兴趣减退，动力缺乏，活力丧失，失望，悲观等以及与抑郁有关的认知和躯体征象。

3. 偏执。主要表现为个体有偏执性思维，如敌对、猜疑、妄想、夸大等。

4. 人际敏感。主要指某些个人不自在与自卑感，特别是与他人相比时更为突出。在人际交往中表现出自卑感、心神不宁、明显不自在，以及在人际关系中自我意识过强，消极等待等。

5. 敌意。主要从思想、感情及行为三个方面来反映敌对的表现。具体的表现包括时常有厌烦的感觉，摔物，喜欢与人争论直到不可控制的脾气爆发等。

6. 强迫症状。主要指那些明知没有必要，但又无法摆脱的无意义的思想、冲动和行为。例如强迫性洗涤、强迫性仪式动作等。

7. 焦虑。一般指烦躁、坐立不安、神经过敏、紧张等主观焦虑体验以及由此产生的躯体表征。如气促、出汗、尿频、失眠、发抖、惊恐等。

8. 恐怖。恐惧的对象包括人、物、事等方面及社交恐怖。

9. 精神病。主要有精神分裂症和情感性精神病，心理和行为有非常明显的异常。

第三节　舒缓心理压力，扫除心理障碍

教师是一种脑、体都超负荷的职业，教师群体很容易感到疲惫、精力不济、身心枯竭。因此改善教师的心理健康，让教师的

心境经常处于一种轻松愉悦的状态是非常有意义的。日本教育家西谷三四郎对于预防教师心理不健康，增进心理健康提出了几点建议：教师职务范畴合理化，教师专职化，教师职责民主化，增强教育活动的灵活性，培养教师的自主活动，掌握有关心理卫生的知识，校内设心理卫生机构，定期为教师做心理测验，设置咨询中心，甄别和合理安排有精神障碍的教师，实行综合的心理卫生对策。

樊富珉教授在她的研究基础上提出了维护教师心理健康的 7 个建议：

1. 了解并接纳自我。接纳自己的全部——欣赏自己的优点，包容自己的缺点。

2. 发展对生活、对事物的健康乐观的态度。学会发现周围事物的美好之处，从中领悟生活的真谛，获得一种满足感、幸福感。

3. 积极地拓展人际关系，寻求社会支持。与同事和睦相处，营造和谐的家庭氛围，密切与朋友的联系，主动地与他人发展良好关系。

4. 选择和从事适当的休闲活动。劳逸结合，发展个人的兴趣、爱好，休假。

5. 必要的时候寻求专业的帮助。定期与心理咨询人员交流。

6. 保持良好的家庭关系。寻求家庭成员的理解与支持。

7. 社会与学校要做努力，给予教师强大的支持。

我们认为，教师心理健康维护应从外部支持与内部调适两个维度展开，形成合力，才能取得好的效果。从外部支持看，具体表现在以下几个方面：

1. 营造良好的社会支持环境

从社会的角度形成尊师重道的良好风尚，塑造良好的教师形象，这是解决教师心理健康问题的根本途径。当然，要做到这一点，需要全社会的努力，这是一种社会支持系统，也是促进教师心理健康的一条根本之路。国家和社会应通过各种政策的制定、法律的颁布来提高教师的社会地位、福利待遇，维护教师的合法权益，形成尊师重教的良好风气，建立教师心理健康的社会支持系统，对教师的角色期待要合理，从而消除教师的心理失衡感，让教师体验到被尊重、被关爱，工作有价值，从而建立起职业自豪感。这可以从根本上有效防止教师心理问题的产生。

2. 学校内部要营造良好的心理环境

学校的物质条件、规章制度、管理措施、工作职责、人际关系等都应从心理这一层面加以考虑，使教师有获得社会支持的切实的心理感受。学校管理者既应帮助教师解决一些实际问题，如住房、工资、福利待遇等，更应为教师提供一定的教学及管理的自主权，提供更多的晋升机会，建立客观公正、正面激励的教师评价制度以满足成就动机。同时注意教师角色的专业性，严格限制时空上存在分离性的教师兼职，恰当分配角色任务，缓解或消除教师的角色冲突。学校管理者尤其是校长的支持与关心能有效减轻教师的心理压力，防止教师心理问题的产生。

3. 教师应努力营建一个幸福和谐的家庭

美满的家庭、幸福的婚姻，能促进个体健康人格的形成与发展，能在个体遇到困难时给予鼓励和帮助，缓减个体的心理压力。这一点对于中小学教师尤为重要。在工作中遇到困扰、受到压力的教师如果回到家中能感受到家庭的温馨，在工作中本应体验到而没有体验到的满足感就能够在家庭中得到弥补。而没有配偶及家庭的理解和支持的教师则很难在工作之外获得情感上的舒缓和心理上的安慰，由此很容易产生孤独、忧郁等消极情绪，不利于心理健康。

从教师的自我调适看，主要包括以下几个方面：

1. 树立正确的自我概念

自我概念是个人心目中对自己的印象，包括对自己身体、能力、性格、态度、思想等方面的认识，是一系列态度、信念和价值标准所组成的有组织的认知结构，把一个人的各种习惯、能力、观念、思想和情感组织联结在一起，贯穿于经验和行为的一切方面。个体只有树立正确而稳定的自我概念，才能正确认识自己，客观评价自己，合理要求自己，了解并愉悦地接受自己的优点和缺点，不给自己设定高不可攀的目标。同时，个体因为对自己更加了解，由己及人，也就能够客观地评价别人，接纳并理解别人的错误和缺点，对世事中的不平、不满、不尽善尽美之处能处之泰然。这种心态对保持心理健康是非常有利的。正确的自我概念的形成与知识的积累是分不开的，也有研究表明，教师的心理健康水平与受教育的程度相关。所以教师应多学习，多接受新知识，以加强自身修养。教师也可以坚持收集有关自己的教学效果和学生学习情况的资料。这些资料不仅能用来帮助教师提高教学水平，而且能使教师更清楚地知道是否达到了自己预定的目标。教师对自己教学方法的利弊了解越深，越了解学生是否接受这些方法，就对自己了解越深，自我认识就更客观，自我概念就越坚定，评

价工作就做得越全面，对自己也就更自信。

2. 强化自我维护意识，掌握自我调节策略

首先，教师应当学会调节自己的情绪，保持心理平衡。教师情绪控制的方法可以从两个方面入手：一是从认识上分析造成不良情绪的原因，看自己的反应是否合理、是否适度；二是控制可能发生的冲动行为，采用合理或间接手段适当疏导情绪。例如，自己提醒自己在情绪激动时不要批评学生，等到自己能心平气和地冷静处理问题时再批评学生，防止过激言行。

其次，进行合理宣泄。如果不良情绪积蓄过多，得不到适当的宣泄，容易造成身心的紧张状态。这种紧张持续时间过长或强度过高，还可能造成身心疾病。因此，教师也应该选择合适的时机、合理的方式宣泄自己的情绪。情绪的宣泄可以从"身""心"两个方面着手。"心"方面如在适当的环境下放声大哭或大笑，对亲近和信任的朋友或亲人倾诉衷肠，给自己写信等。"身"方面如剧烈的体力劳动、纵情高歌、逛逛街、外出旅游等。

再次，教师可从其他地方寻求满足感。如果教师觉得在学校中无法获得心理上的成就感和满足感，可以试着在教室以外寻求成就感。培养一项有创造性的爱好，比如集邮、写作等，个体能够随这些爱好的深入而体验到满足。

最后，教师要培养健康乐观的性格。教师的性格特征不仅会影响到自己的职业适应水平，而且还决定自己个人的长远发展和身心健康。由于教师职业的特殊性，教师应具备如下良好的性格特征：善于交际、乐于助人、责任心强、情绪稳定、热情、健谈、诚实可信、敢于创新、善于接受新事物、宽容、自信、勤奋、意志坚强等。在教育工作中，尤其要注意防止形成狭隘、嫉妒、无主见、无责任心、抑郁孤僻等不良性格，注意在生活中有意识地培养自己良好的性格。

3. 加强身体锻炼，促进健康体魄

人的身体健康与人的情绪有着密切的关系。身体健康是情绪愉快和稳定的基础。一个人身体健康，往往表现出精力充沛、心情开朗。若一个人长期身体虚弱、多病，则容易引起抑郁的心情。教师的工作是十分繁忙的，他们的大部分时间是围绕学生度过的。在这种情况下，教师就要妥善安排时间，加强身体锻炼，合理分配精力，科学地安排工作、学习和生活，避免身心经常处于疲惫状态，建立有序的、有张有弛的工作秩序，切实提高工作效率。另外，为了提高自身心理健康的水平，教师应当有自知之明，了解自己的长处和短处，能经常用心理健康的标准来衡量自己的行为并作出调整。

专栏 教师的心理问题到底有多重

心理问题就如同"感冒"一样，几乎人人都会遇到。有资料显示，目前我国正常人群心理障碍的比例在20%左右。然而，据国家中小学生心理健康教育课题组前不久对辽宁省内168所城乡中小学的2292名教师所进行的检测结果，却表明中小学教师心理障碍发生率竟高达50%！

教师心理问题

聚焦教师心理健康"这学期，我不知怎么了，干事没头绪，遇事急躁，没有教好学生，心里很难受，感觉自己是在误学生，

想起这些不如死了算了，因为我始终记得一句话，误人子弟，杀人父兄……"这是去年 7 月陕西一位年仅 25 岁的女教师因患严重心理障碍疾病，撇下还不到 1 岁的儿子服毒自杀前留下的遗书。

无独有偶，江苏盐城市区一名 30 多岁的男教师因解答不出学生的提问，也竟然自杀身亡。据其家人事后介绍，这名教师近几天一直休息不好，头脑昏沉，心情很不好。

据业内专家分析，其实，以上两例走极端的情况，并非个别现象，近年来，中小学教师已经成为心理障碍的高发人群。数据或许是枯燥的，但数据往往又是最能说明问题的：

——不久前，国家中小学生心理健康教育课题组采用国际公认的 SCL－90 心理健康量表这一工具，由心理学专业人士对教师实行检测。检测表明，69% 的被检测教师自卑心态严重，另外，嫉妒情绪明显、焦虑水平偏高等也是较突出的问题。

——上海市小学教师心理健康问题的一项调查显示，教师心理疾患检出率为 48%，与一般群体的"常模"相比，有 23.4% 的小学教师超出"常模" 2 个标准差。

——广州市天河区在最近举行的一次心理保健讲座上，用心理健康测试量表（SCL－90）对在场教师进行测试，结果显示：近半数教师的心理健康受到不同程度的影响。调查还显示，31.51% 的教师有轻度心理障碍，12.37% 的教师有中度心理障碍，21% 的教师已构成心理疾病，69% 的教师感到压力大，嫉妒情绪、焦虑情绪的出现也比较高。调查发现，教师的心理问题症状主要表现为抑郁、精神不振、焦虑、过分担心、有说不出原因的不安感、无法入睡等。

——杭州市教科所去年上半年对市区30所学校的近2000名教师进行的心理健康状况调查表明，有13%的教师存在心理问题，76%的教师感到职业压力很大。其中男教师的压力大于女教师，毕业班的教师和班主任压力大于非毕业班和非班主任教师。

——北京市对500余名中小学教师的调查更显示，近60%的教师觉得在工作中烦恼多于欢乐，70%的教师有时忍不住要生气发火。教师中较普遍地存在着烦躁、忧郁等不良情绪。

——中华心理咨询网

一个无法回避的问题

过重的工作压力导致教师心理空间被严重挤压扭曲。"我一向不服输，过去工作再苦再累我都能忍受，可近来不知何故我开始变得脆弱、多虑，常常是事情还没开始做，便事先设想出多种后果，老是担心教不好误程，担心教学质量上不去，担心最后考不过人家……总之，考不完的试、做不完的活、操不完的心，压得我透不过气来，整日惶恐不安、心绪不宁，几乎无法正常工作和生活！"这反映出当前在教学任务繁重，升学压力过大，工作超负荷的现实情况下，许多中小学教师真实的生存状态。事实上，对于教师心理存在障碍的原因，据中国中小学生心理健康教育课题组调查，近五成受检测的教师认为是由于"工作太累"，其中37%教师每天工作时间超过8小时。事实上，从调查数据来看，教师的强迫症状、人际敏感、忧郁化以及偏执倾向都比一般人群高，具体表现为一些教师有时无法控制自己的想法、与人交往不自在、容易猜疑等。

众所周知，教师的职责是教书育人，育人的内容又包括了育

德、育心。心理健康是教师素质的核心要素，也是教师整体素质提高和教育教学质量提高的基础与保障。如果教师自身缺乏健康心理，何以能够培养出心理健康的学生？据加拿大学者就体罚对孩子将来身心健康产生的影响所做的全球最大规模的调查显示：被体罚的儿童成年后吸毒和酗酒的可能性是正常儿童的 2 倍，而且患上焦虑症、反社会行为倾向和抑郁的概率大大增加。在偶尔被打的受访者当中，有 21% 患上焦虑症、70% 患上抑郁症、13% 酗酒、17% 嗜毒。另据北京市教科院日前披露的《师源性心理伤害的成因及对策》的调查报告显示，打骂学生、讲课死板、对工作不负责任、偏心等不被学生喜欢的行为会给学生心理造成伤害，构成师源性心理伤害。

因此，我们完全可以这样说，心理不健康的教师对学生身心造成的危害，某种意义上远远超过其教学能力低下对学生学业所产生的影响，心理不健康的教师只会源源不断地制造出"心理不健全"的学生，教师心理健康是培养儿童心理健康的必要前提。

如果我们再从更高、更深、更远的角度来看，教师的心理健康，将会直接、间接地影响整个社会和民族心理的健康，关系到中华文明的明天！

——《中国教育报》，2002 年 6 月 18 日